혁신 개정판

Just
GRAMMAR

신석영 지음

MG
2B

더디퍼런스

PROLOGUE

"영어는 세계의 동서남북을 한꺼번에, 내다볼 수 있는 마법의 창문이다." – 인도 수상 네루

그렇습니다. 책이 사람의 인생을 바꿀 수 있고, 책을 통해 전 세계를 여행하며, 영어를 통해 전 세계와 의사소통할 수 있습니다. 학생 여러분들이 필수적으로 갖추어야 할 생활 도구의 하나가 바로 영어가 아닐 수 없습니다.

요즘에는 '문법 무용론'을 주장하는 사람들도 있지만, 앵무새처럼 몇 마디 따라 말하고 일상 회화 정도를 하려고 영어를 공부하지 않을 것입니다. 특히 우리나라의 영어교육의 환경이 'EFL(English as a Foreign Language)', 즉, "외국어로서의 영어" 환경임을 제대로 이해하는 사람이라면 제 2외국어로써 무엇보다도 문장을 이해하는 것이 우선되어야 한다는 것은 기본이자, 상식입니다.

모국어로 영어를 습득할 수 있는 단계가 지나버린 우리 학생들에게는 오히려 인지 능력이 덜 형성된 상태이기 때문에, 성인 학습자들보다 학습 능력이 훨씬 떨어진다는 연구 결과를 발표한 학자들도 있습니다. 그러므로 '학생들이 무분별한 학교 교육 또는 어학원 영어, 그리고 외국인이면 무조건 받아들이는 관행으로는 오히려 학습 장애를 초래하는 결과를 낳을 수도 있습니다.

문법은 필요한 학습이지만, "올바른" 학습 방법이 아니면 의미가 없다!

문법 교육에 있어서는 '어떤 교재로 가르치느냐?, 누가 가르치느냐?'하는 것은 굉장히 중요한 사항입니다. 영어 실력도 중요하지만 무엇보다도 아이들의 특성을 이해하고 인지 발달 단계와 언어 학습 원리에 맞게 가르칠 수 있는 최적의 교재가 필요합니다. 수업에 대해 좋고 나쁨을 판단할 비판적 사고가 부족한 학생들에게 단지 시간과 비용만 투자한다고 해서 실질적으로 도움을 준다고 볼 수는 없습니다.

Just Grammar(혁신 개정판) 시리즈는 대한민국 영어교육의 최전선에서 현장강의를 통해 오랜 세월동안 직접 가르치며 만들었습니다. 입시학원과 외국어 학원 그리고 MBC 방송 강의를 통해서 실제 검증된 교수법을 바탕으로 학생들에게 가장 최적화된 학습물인 Just Grammar(혁신 개정판) 시리즈를 가만히 내놓습니다.

혁신 개정판

Just
GRAMMAR

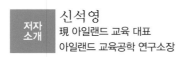

저자
소개

신석영
現 아일랜드 교육 대표
아일랜드 교육공학 연구소장

주요저서

Just Reading 1, 2, 3 (전 3권)
Just Grammar Starter 1, 2, 3 (전 3권)
I can Reading 1, 2, 3, 4 (전 4권)
I can Grammar 1, 2, 3, 4 (전 4권 / 메가스터디 Mbest 인터넷 강의교재)
Easy I can Grammar 1, 2, 3, 4 (전 4권)
한국에서 유일한 중학 영문법 (전 6권)
한국에서 유일한 고교 영문법 (전 2권)
Easy I'm your grammar (원서 전 3권 / 대만 수출 / 메가스터디 Mjunior 인터넷 강의교재)
Easy I'm your grammar Workbook (전 3권)
You're my grammar (원서 전 3권)
You're my grammar Workbook (전 3권)

혁신 개정판
Just Grammar MG 2B

지은이 신석영
발행인 조상현
발행처 더디퍼런스

등록번호 제2015-000237호
주소 서울시 마포구 마포대로 127, 304호
문의 02-725-9988
팩스 02-6974-1237
이메일 thedibooks@naver.com
홈페이지 www.thedifference.co.kr

ISBN 979-11-86217-16-0 (53740)

이 책의 특징은 다음과 같습니다.

첫째, 현행 중학교 영어 교과서 문법 내용을 중심으로 실용적인 문법 사항들을 체계적으로 편성했습니다.

둘째, 각 영어 교과서를 철저히 분석하여, 반드시 알아야 하는 내용을 짜임새 있게 엮었습니다. 또한 현실감 있는 상황에서 실제로 자연스러운 문법을 구사하는 연습을 할 수 있습니다. 문법 문제 하나하나를 일상적인 상황에서 활용할 수 있는 능력을 향상시키고, 학생의 흥미를 이끌 수 있는 활동으로 구성하였습니다.

셋째, 점점 중요성이 높아져 가고 있는 학교 내신 영어시험의 서술형 문제들에 효과적으로 대비할 수 있도록 서술형 기본 대비에서 실전 서술형, 논술형 문제까지 완벽 대비할 수 있도록 하였습니다. 특히, 학교에서 출제된 기출 응용문제와 교육청 출제 경향에 맞춘 다양한 문제들로 채워 서술형에 대한 고민을 완벽히 해결하였습니다.

넷째, 문법학습의 궁극적인 목표는 스피킹입니다. Super Speaking 코너를 통해 지금까지 배운 문법 사항을 스피킹으로 마무리할 수 있게 구성하여 자연스럽게 스피킹 시험에 대비할 수 있게 하였습니다.

"Just Grammar 혁신 개정판"이 출간되기까지 더 좋은 책을 위해 헌신의 노력을 다해주신 더디퍼런스 관계자 여러분들에게 고개 숙여 깊은 감사를 드립니다. 부디 이 책을 통해서 모든 학습자들이 영어에 대한 자신감을 얻어 내신 성적 향상은 물론, 더 이상 영어로 인해 힘들어하지 않고 이것이 문법의 마지막 공부가 될 수 있기를 희망합니다. 마지막으로 항상 옆에서 힘이 되어주는 내 가족, 힘들어도 묵묵히 응원해준 내 아내 미선이, 그리고 아빠에게 언제나 용기와 희망을 주는 서윤이와 강민이에게 깊은 감사와 사랑을 전합니다.

신석영

About Just Grammar

학교 내신 · 서술형 문제를 뛰어넘어 Speaking과 Writing을 대비할 수 있는 교재

기존의 교재들은 문법 설명을 장황하게 설명하여 이해하기도 쉽지 않고 문법 중심 객관식 문제나 단편적인 단답형 주관식 문제들만 나열하고 있어 실제 학습효과를 기대할 수 없으나 Just Grammar 혁신 개정판 시리즈는 각 학년에서 중요하게 다루고 있는 문법 세부 항목을 체계적으로 정리하였고 쉬운 문법 문제에서 서술형 기초다지기 그리고 신경향 실전 서술형 평가문제들을 담았습니다. 그 어떤 교재에서도 찾아볼 수 없는 Super Speaking 코너에서는 배운 문법 내용을 실제 원어민들이 사용하는 말하기 연습을 할 수 있도록 구성한 국내 유일한 교재입니다.

1단계 문법 해설

Preview를 통한 대표 예문만 봐도 영문법의 개념을 이해할 수 있고 예문 중심으로 설명한 문법 설명은 머리에 쏙쏙! 어려운 문법 용어와 난해한 설명 방식에서 탈피하여 새로운 방식으로 문법의 줄기와 핵심을 잡아줄 것입니다. 참신한 예문은 실제 원어민들이 자주 사용하는 표현들을 담았습니다.

2단계 기본기 탄탄 다지기

배운 핵심 문법을 올바로 이해하였는지 바로 확인할 수 있는 연습 문제, 쉽고 재미있는 기본 문제들로 구성되어 문법에 대한 자신감이 쭉쭉! 올라갑니다.

3단계 서술형 기초 다지기

앞서 배운 Unit을 다시 점검할 수 있는 다양한 문제들을 구성하여 문법 개념을 확실히 이해할 수 있도록 하였습니다. 이를 통해 서술형 문제에 대비할 수 있도록 하였으며 문제의 난이도가 한 단계 업그레이드되어 실제 시험 유형의 문제로 내신에 대비할 수 있게 됩니다. 단순한 문법 연습이 아닌 응용, 심화 과정으로 발전해나간 누적식 구성이므로 모든 앞 내용이 자연스럽게 반복되어 충분한 학습 효과를 볼 수 있습니다.

4단계 Oral Test

학습한 문법 개념을 스스로 질문에 답을 하거나 현장 수업에서는 학생들이 답을 직접 말하며 대답하는 질의응답 형식의 test입니다. 하나의 Chapter가 끝난 후 또는 다음 Chapter를 공부하기 전 복습용으로 사용해도 좋습니다. 문법 개념에 대한 질문을 정확히 답을 하지 못할 때 다시 한 번 복습해야 한다는 것을 잊지 마세요!

5단계 중간 · 기말고사

해당 Chapter 학습을 마치고 학습 성취도를 평가할 수 있는 실전 문제, 심화 문제로 구성하였습니다. 실제 학교 시험을 철저히 분석하여 자주 출제되는 필수 문법 문제들로 수록하였습니다. 다양한 유형의 교과서 기출 문제와 서술형 문제까지 해결함으로써 내신 성적 향상에 큰 도움이 될 것입니다.

6단계 Grammar in Reading

독해 지문 안에 생생한 문법이 쏙쏙. 문법에 대한 개념의 이해와, 응용력이 생긴 이때 다양한 독해 지문을 통해 배운 문법을 독해에 즉시 활용하여 적용할 수 있도록 구성하였습니다.

7단계 Super Speaking

학습한 문법 내용을 Speaking에 적용하여 스피킹 영역에도 소홀함이 없게 구성하였습니다. Just Grammar 혁신 개정판 시리즈로 리딩, 라이팅, 스피킹을 연계하여 자연스럽게 전 영역을 아울러 학습하도록 구성하였습니다.

8단계 실전 서술형 평가문제

실제 학교에서 출제된 서술형 응용문제와 교육청 출제경향에 맞춘 서술형 평가대비 문제로, 학생들의 사고력과 창의력을 길러줍니다. 해당 Chapter에서 출제될 가능성이 있는 서술형 문항을 개발하여 각 학교의 서술형 평가문제에 철저히 대비할 수 있도록 하였습니다. 단순 암기에서 벗어나 직접 써보고 생각해 볼 수 있는 코너입니다.

해설집
+
워크북 무료!

9단계 워크북

보충자료 워크북을 활용하여 Just Grammar 2에 해당하는 모든 문법사항을 최종 정리하며 복습할 수 있습니다. 본책에 해당하는 문법사항 중 시험 적중률이 높은 유형의 문제들을 뽑았습니다. 숙제나 자습을 통해 보충하기에 좋은 자료입니다.

CONTENTS

Chapter 5
조동사

Unit 1 • 조동사 can

Alice could play tennis last week, but she can't play tennis now.
Alice는 지난주에 테니스를 칠 수 있었지만, 지금은 할 수 없다.

1 조동사 can은 현재 또는 미래의 능력(ability)을 나타내며 '~할 수 있다'의 뜻이다. 부정은 can not을 쓰는데 일상 영어에서는 can't로 줄여 쓴다. 과거의 능력은 could를 쓰고 부정은 couldn't(= could not)를 쓴다. 현재나 과거의 능력을 나타내는 can, could는 be able to로 바꿔 쓸 수 있다. 미래의 능력은 will be able to로 쓴다.

Sunny **can** speak Korean and Chinese. Sunny는 한국어와 중국어를 말할 수 있다.
(= Sunny **is able to** speak Korean and Chinese.)

Two years ago, I **couldn't** speak English. 2년 전에 나는 영어를 할 수 없었다.
(= Two years ago, I **wasn't able to** speak English.)

2 can이 허락(give permission)의 의미도 나타낸다. 우리말 '~해도 좋다'라는 뜻이다.

You **can** use my laptop computer. 너는 내 휴대용 컴퓨터를 써도 좋다.
You **can** go to the movies tonight. 너는 오늘 밤 영화를 보러 가도 좋다.

기본기 탄탄 다지기

1 다음 문장의 밑줄 친 조동사의 쓰임을 보기에서 그 기호를 골라 괄호 안에 쓰시오.

ⓐ 능력	ⓑ 허가

(1) <u>Can</u> I use your mobile phone? ( )
(2) I <u>can</u> speak Japanese. ( )

2 다음 두 문장의 의미가 같도록 빈칸에 알맞은 말을 쓰시오.

(1) I can speak Chinese a little.
= I _____ _____ _____ speak Chinese a little.

(2) I could play the violin when I was five.
= I _____ _____ _____ play the violin when I was five.

(3) They couldn't help you then.
= They _____ _____ _____ help you then.

▶조동사(modals)는 동사를 도와서 다양하고 풍부한 뜻을 갖게 된다. 동사를 돕는다 하여 helping verbs라고도 부른다.

▶조동사의 특징
1. 조동사 뒤에는 반드시 동사원형을 쓴다.
2. 조동사는 3인칭 단수 현재에 -s를 붙이지 않는다.
3. 조동사의 부정은 조동사 바로 뒤에 not을 붙인다. 보통은 줄여서 can't, won't(= will not), mustn't(= must not)로 쓴다. 단, may와 might not은 줄여 쓰지 않는다.

▶능력을 나타낼 때 can과 could는 be able to로 바꿔 쓸 수 있는데 일상 영어에서는 주로 can/could를 쓴다. be able to는 어떤 어려움이나 실망스러운 일을 강조해서 나타낼 때 주로 쓴다.
I tried very hard, but I **wasn't able to** do all of my math problems.

Unit 2 ● 조동사 may

100% 확신	Lisa **is** in the cafeteria.	Lisa는 구내식당에 있다.
50% 이하 추측	Lisa **may** be in the cafeteria.	Lisa는 구내식당에 있을지도 모른다.
50% 이하 추측	Lisa **might** be in the cafeteria.	Lisa는 구내식당에 있을지도 모른다.

(1) 100% 현재의 사실이라고 확신할 때는 현재형을 쓰고 '~일지도 모른다'의 뜻으로 확신과 가능성이 다소 (50% 이하)떨어지면 may와 might를 쓴다. 이때 might는 may의 과거가 아니다.

It **may** snow much this winter. 이번 겨울에 눈이 많이 올지도 모른다.

She **may** find a job in this city. 그녀는 이 도시에서 직업을 찾을지 모른다.

(2) may는 추측 외에도 '~해도 좋다'라는 '허락'(give permission)을 나타낸다. 허락을 나타내는 can과 바꿔 쓸 수 있다. 부정은 may/can 뒤에 not을 붙여 '~해서는 안 된다'로 해석한다. 가족이나 친구와 같이 친한 사이에는 can을 많이 쓴다.

You **may** use my smartphone. 내 스마트폰을 써도 돼.

You **may not** turn on the TV. 너는 TV를 켜면 안 된다.

You **can't** smoke in this museum. 너는 이 박물관에서 담배를 피우면 안 된다.

기본기 탄탄 다지기

1 다음 문장의 밑줄 친 조동사의 쓰임을 보기에서 그 기호를 골라 괄호 안에 쓰시오.

ⓐ 추측	ⓑ 허가

(1) It <u>may</u> rain tonight. ( )

(2) You <u>may</u> go now. ( )

> ▶I를 주어로 하여 May I ~?, Can I ~?, Could I ~?로 공손하거나 정중한 부탁(polite request)을 할 수 있다. May I ~?가 가장 공손한 표현이고 친한 사이는 can과 could를 많이 쓴다.
> May I use your phone?
> Can I have another napkin?
> Could I borrow your grammar book?

2 다음 우리말과 같도록 빈칸에 알맞은 말을 쓰시오.

(1) 그는 이 한자들을 읽을 수 있다.

He _____ _____ these Chinese characters.

(2) 그녀는 이곳에 올 수 있을 것이다.

She _____ _____ _____ _____ come here.

(3) Lewis가 그 수수께끼를 풀 수 있을지 몰라.

Lewis _____ _____ _____ _____ solve the riddle.

Unit 3 • 조동사 will

One day, people **will** go on holiday to the moon.
언젠가, 사람들은 달로 휴가를 가게 될 거야.

I **am going to** travel to Korea this summer.
나는 이번 여름에 한국을 여행할 예정이야.

(1) will은 '~할 것이다'의 뜻으로 말하는 순간 결정한 일이나 막연한 미래의 일을 예측할 때 쓴다.

I **will** help you do your homework. 네가 숙제하는 것을 도와줄게.

These jeans are very comfortable. I **will** buy them. 이 청바지는 매우 편하다. 이 청바지를 살 거야.

She **will** have a baby when she gets married. (구체적인 정황 없이 막연한 미래 예측)
그녀는 결혼하면 아이를 낳게 될 거야.

(2) be going to는 '~할 예정이다'라는 뜻으로 말하기 전부터 이미 마음의 결정을 해놓은 계획이나 일정을 말할 때 쓴다. 눈앞에 보이는 상황을 근거로 뻔히 일어날 상황을 나타낼 때에도 be going to를 쓴다.

We **are going to** get married next month. 우리는 다음 달에 결혼할 거야.

My wife **is going to** have a baby next week. 내 아내는 다음 주에 출산할 예정이다. (현재 임신 중)

기본기 탄탄 다지기

1 다음 우리말과 같도록 빈칸에 알맞은 말을 쓰시오.

(1) 너에게 마실 것을 가져다줄게.

I _____ get you something to drink.

(2) 나는 다음 달에 15살이 된다.

I _____ _____ fifteen years old next month.

(3) 내일 눈이 올 거야.

It _____ _____ tomorrow.

(4) 부탁 좀 들어줄래?

_____ _____ do me a favor?

2 다음 우리말과 같도록 will 또는 be going to를 이용하여 문장을 완성하시오.

(1) 이번 주 일요일은 날씨가 흐릴 거야.

It _____ be cloudy this Sunday.

(2) 나는 이번 주말에 낚시를 갈 예정이야.

I _____ go fishing this weekend.

---

do sb a favor sb의 부탁을 들어주다

▶날씨와 같이 앞으로 일어날 객관적 사실에 대해 will과 be going to 둘 다 쓸 수 있다.
It **will** be hot this afternoon.
= It **is going to** be hot this afternoon.

▶You를 주어로 하여 Will you ~?, Would you ~?, Could you ~?, Can you ~?로 공손하거나 정중한 부탁을 할 수 있다. 서로 잘 아는 사이에는 Can you ~?를 많이 쓴다.
Would you mind opening the window?
Will(Can) you give her the message?

cloudy a. 흐린, 구름이 많은
go -ing ~하러 가다

---

1 다음 물음에 대한 대답으로 알맞은 것은?

> Can you come to my birthday party today?

① Yes, you can.　　② Yes, I am.　　③ Yes, I can.

④ No, I'm not.　　⑤ No, I won't.

2 다음 문장 중 어법상 어색한 것은?

① I can't lift this box.　　② You shouldn't run here.

③ It mayn't rain tomorrow.　　④ She won't see you again.

⑤ You mustn't cheat during the test.

[3~4] 다음 두 문장의 의미가 같도록 빈칸에 알맞은 말을 쓰시오.

3 Can you speak any foreign languages?

= _____ you _____ _____ _____ any foreign languages?

4 I was not able to attend the meeting.

= I _____ attend the meeting.

5 다음 문장 중 어법상 올바른 것은?

① Jessica must helps her mother.　　② Tony cans speak Korean a little.

③ Jenny will can solve the problem.　　④ I was so busy, so I can't help you.

⑤ Nam-su can speak English fluently.

[6~7] 다음 중 밑줄 친 부분의 쓰임이 나머지와 <u>다른</u> 것을 고르시오.

6 ① She <u>may</u> be sick.

② You <u>may</u> come in.

③ It <u>may</u> snow tonight.

④ My parents <u>may</u> know the truth.

⑤ My brother <u>may</u> become a famous soccer player.

7 ① You can do it.

② I can go there with you.

③ You can use my computer.

④ Su-mi can speak Spanish well.

⑤ We cannot work without a computer.

8 다음 대화의 빈칸에 알맞은 말을 쓰시오.

> A: We don't have anything in our refrigerator.
> B: Oh, really? I _____ buy some food on my way home.

9 다음 문장의 밑줄 친 두 단어를 한 단어로 줄여 쓰시오.

We will not go skiing in this winter.

➡ _____

10 다음 짝지어진 문장의 의미가 다른 것은?

① May I use your phone?
  = Can I use your phone?

② It will be rainy this Sunday.
  = It is going to be rainy this Sunday.

③ He is going to play soccer.
  = He is able to play soccer.

④ I can speak French well.
  = I am able to speak French well.

⑤ You must not make a noise in the library.
  = You mustn't make a noise in the library.

Challenge 1 조동사란 무엇인가?

(1) 정의: 조동사란 동사의 앞에 위치하여 동사의 뜻을 더해 주는 역할을 하는 것이다.

(2) 성질

    ⓐ 조동사에 –s를 붙이지 않는다.

    ⓑ 조동사 뒤에는 [   ]을 쓴다.

    ⓒ 조동사 다음에는 조동사를 쓰지 않는다.

Challenge 2 can의 어떤 의미로 쓰이는가?

(1) 「~할 수 있다」로 해석되며 [   ]을 나타낸다. 이 경우 be able to로 바꾸어 쓸 수 있다.

(2) 「~해도 좋다, ~해도 된다」로 해석되며 [   ]를 나타낸다.

Challenge 3 may는 어떤 의미로 쓰이는가?

(1) 「~일지[~할지] 모른다」로 해석되며 [   ]을 나타낸다.

(2) 「~해도 좋다[된다]」로 해석되며 [   ]를 나타낸다. 이 경우 can과 바꾸어 쓸 수 있다.

Challenge 4 will과 be going to는 어떻게 다른가?

(1) [   ]은 '~할 것이다'의 뜻으로 말하는 순간에 결정한 일 그리고 막연한 미래를 예측할 때 쓴다. 시간이 지나면서 저절로 되는 일이나 날씨와 같이 앞으로 일어날 객관적 사실을 추측할 때에도 will을 쓴다.

(2) [   ]는 '~할 예정이다'의 뜻으로 말하기 전부터 이미 마음의 결정을 해놓은 예정된 계획(prior plans)이나 일정 등을 나타낼 때 쓰며 이미 예정된 일에는 will을 쓰지 않는다.

(3) 의문문(Will you ~?)에서 「~해 주시겠어요?」의 뜻으로 부탁을 나타낸다. 이 경우 will 대신에 공손한 표현으로 would나 could를 쓸 수 있고, 편한 사이에서는 can을 쓸 수도 있다.

Unit 4 • 조동사 must

Preview

You **must** study hard to pass the exam.
너는 시험을 통과하려면 열심히 공부해야 한다.
She **must be** foolish. (95% 확신)
그녀는 바보임에 틀림없다.

① must는 '~해야 한다'의 뜻으로 상대방에게 그 일을 꼭 하라는 강한 강조의 의미를 지닌다. 경고 문구 등과 같이 선택의 여지가 없는 강한 의무나 필요를 나타낸다. '~해서는 안 된다'의 강한 부정은 must 뒤에 not을 써서 must not(= mustn't)를 쓴다. must는 너무 강압적으로 들릴 수 있어서 일상 영어에서는 같은 뜻인 have to와 have got to를 자주 쓴다.

You **must** wear safety glasses. 너는 보호 안경을 써야 한다.
= You **have to** wear safety glasses. = You **have got to** wear safety glasses.

You're drunk. You **must not** drive a car. 너는 술 취했어. 너는 차를 운전해서는 안 된다.

② must는 주로 be동사와 함께 '~임에 틀림없다'의 뜻으로 현재 상황에 대한 논리적인 이유를 갖는 강한 확신(95%)을 나타낸다. 100% 사실일 경우 현재형을 쓰고 50% 이하의 추측이나 가능성은 may 또는 might를 쓴다.

They're wearing light clothes. It **must be** summer. 그들은 가벼운 옷을 입고 있다. 여름임에 틀림없다.

Jane takes the bus everywhere. She **must** not have a car. Jane은 모든 곳에서 버스를 탄다. 그녀는 차가 없는 게 틀림없다.

기본기 탄탄 다지기

1 다음 우리말과 같도록 빈칸에 알맞은 말을 쓰시오.

나는 지금 가야 한다.

I _____ go now.

= I _____ _____ go now.

= I _____ _____ _____ go now.

Unit 5 ● 조동사 have to

Preview

My dad **has to** do exercise every day.
우리 아빠는 매일 운동을 해야 한다.

Today is Sunday. Lisa **doesn't have to** work.
오늘은 일요일이다. Lisa는 일할 필요가 없다.

① have to와 have got to는 '～해야 한다'의 뜻으로 필요와 의무를 나타낸다. must와 같은 뜻이지만 일상 영어에서는 have to를 더 많이 쓴다. must와 have to는 각각 had to와 will have to로 과거와 미래를 나타낸다.

You **have (got) to** take off your shoes to enter the room. 너는 방에 들어가려면 신발을 벗어야 한다.
Next week I **will have to** go to Hongkong. 다음 주에 나는 홍콩에 가야 한다.
We **had to** walk home last night. 우리는 어젯밤에 집에 걸어가야 했다.
※ have got to는 과거형과 미래형으로 잘 쓰지 않는다.

② don't(doesn't) have to는 '～할 필요가 없다'라는 의미로 불필요를 나타낸다. 과거는 didn't have to를 쓴다. '～할 필요가 없다'의 의미와 같은 뜻으로 don't need to를 쓴다. 'need not + 동사원형'을 쓰기도 하지만 이는 영국식 표현이다.

Yesterday was Sunday. I **didn't have to** work. 어제는 일요일이었다. 나는 일할 필요가 없었다.

You **don't have to** finish the work right now. 너는 지금 당장 그 일을 끝낼 필요는 없다.
= You **don't need to** finish the work right now. = You **need not** finish the work right now. (영국식)

기본기 탄탄 다지기

1 다음 우리말과 같도록 빈칸에 알맞은 말을 쓰시오.

(1) 나는 오늘 밤 늦게까지 일해야 한다.

I _____ _____ _____ late tonight.

(2) 나는 지금 당장 그녀에게 그 사실을 말해줘야 해.

I _____ _____ her the truth right away.

(3) 그녀는 일찍 집에 들어가야 해.

She _____ _____ _____ _____ home early.

(4) 나는 내일 학교에 갈 필요가 없기 때문에 늦게까지 잠을 잘 수 있어.

I can sleep late tomorrow morning because I _____ _____
_____ _____ to school.

(5) 너는 젖은 손으로 그 전기 코드를 만져서는 안 된다.

You _____ _____ the electric cord with a wet hand.

---

right away 지금 당장, 곧
electric cord 전기 코드
wet a. 젖은

▶have(has) got to는 미국식 표현으로, 글로 쓸 때보다 주로 말할 때 (in speaking) 자주 쓴다.

▶must의 의문문은 Must + S ～?로 쓰고 have to의 의문문은 Do/Does/Did + 주어 + have to ～?로 의문문을 만든다. 의문문에서 must와 have to가 서로 의미가 다르다.
Must I clean the room? (= Do you insist that I clean the room?)
Do I have to clean the room? (= Is it necessary for me to clean the room?)

Unit 6 • 조동사 should

You **should** always wear a life jacket when you go canoeing.
너는 카누를 타러 갈 때 항상 구명조끼를 입어야 한다.

1 should와 ought to는 둘 다 '~해야 한다, ~하는 게 좋겠다'의 뜻으로 충고 또는 조언(advice)을 나타낸다. should의 부정은 should not(= shouldn't)을 쓰고 ought to의 부정은 ought not to(= oughtn't to)를 쓴다. 일상 영어에서는 should와 shouldn't를 많이 쓴다.

Nancy's clothes don't fit her. She **should** lose weight. Nancy의 옷은 잘 맞지 않는다. 그녀는 살을 빼는 게 좋겠다.
= Nancy's clothes don't fit her. She **ought to** lose weight.

You **shouldn't** eat lots of sweets. 너는 단 것을 많이 먹지 않는 게 좋겠다.
= You **oughtn't to** eat lots of sweets.

2 'had better + 동사원형'은 should와 같은 의미이다. 하지만 should 보다 더 강한 충고나 경고의 메시지(strong advice or warning)를 담고 있다. '~하는 게 좋겠다(낫겠다)'로 해석하고 부정은 had better not을 쓴다.

We **had better** tell him the truth. 우리는 그에게 사실을 말하는 것이 좋겠다.

You **had better not** go out alone at night. 밤에 혼자 외출하지 않는 게 좋겠다.

기본기 탄탄 다지기

1 다음 두 문장의 의미가 같도록 빈칸에 알맞은 말을 쓰시오.

You look tired. You should go to bed early.
= You look tired. You ＿＿＿＿＿ ＿＿＿＿＿ go to bed early.

2 다음 문장을 부정문으로 만드시오.

(1) We should invite Sarah to the party.
➡ We ＿＿＿＿＿ invite Sarah to the party.

(2) You ought to tell it to your parents.
➡ You ＿＿＿＿＿ ＿＿＿＿＿ ＿＿＿＿＿ tell it to your parents.

(3) We had better go now.
➡ We ＿＿＿＿＿ ＿＿＿＿＿ ＿＿＿＿＿ go now.

서술형 기초 다지기 ❷

[1~3] 다음 문장의 밑줄 친 부분과 바꾸어 쓸 수 있는 것을 고르시오.

1 We <u>must</u> wear our school uniforms at school.

① have to ② has to

③ had to ④ needs to

⑤ may

2 It's free, so you <u>don't have to</u> pay to use it.

① must not ② need not

③ will not ④ may not

⑤ should not

3 You <u>should</u> study harder to enter the university.

① can ② need to

③ ought to ④ would like to

⑤ will have to

4 다음 우리말과 같도록 할 때 빈칸에 알맞은 것은?

> 우리는 노인들을 존경해야 한다.
> We _____ respect old people.

① will ② can

③ do ④ should

⑤ may

5 다음 우리말과 같도록 빈칸에 알맞은 말을 쓰시오.

나는 그 책을 가지고 있어서 살 필요가 없다.

I have the book, so I _____ _____ _____ buy it.

6 다음 두 문장의 의미가 같도록 빈칸에 알맞은 말을 쓰시오.

Bill must help his father to wash his car.

= Bill _____ _____ help his father to wash his car.

7 다음 문장을 과거형으로 바꾸어 쓸 때 빈칸에 알맞은 말을 쓰시오.

I must visit my uncle in the hospital tonight.

➡ I _____ _____ visit my uncle in the hospital yesterday.

8 다음 대화의 빈칸에 알맞은 말을 쓰시오.

A: Dad, must I water the garden?
B: No, you _____ _____. It is going to rain soon.

9 다음 문장을 지시대로 전환한 것 중 바르지 않은 것은? (2개)

He must take off his shoes.

① 의문문으로 ➡ Must he take off his shoes?

② 과거시제로 ➡ He musted take off his shoes.

③ He를 You로 ➡ You must take off your shoes.

④ must를 두 단어로 ➡ He have to take off his shoes.

⑤ 부정문으로 ➡ He doesn't have to take off his shoes.

10 다음 문장 중 어법상 어색한 것을 모두 고르시오.

① You have got to do this.

② You shouldn't do that again.

③ Does he has to get up early?

④ You ought to not follow his advice.

⑤ You have better take an umbrella with you.

Oral Test

Challenge 1 must와 have to는 어떤 의미로 쓰이는가?

(1) 의무를 나타내는 조동사

　　[＿＿＿＿＿] = have(has) to + 동사원형 = have(has) got to + 동사원형: 「 ～해야 한다」로 해석하며 의무를 나타낸다.

(2) must의 부정

　　ⓐ [＿＿＿＿＿] : 「 ～해서는 안 된다」로 해석하며 금지를 나타낸다.

　　ⓑ [＿＿＿＿＿] : 「 ～할 필요가 없다, ～안해도 된다」로 해석하며 불필요를 나타낸다.

　　　→ don't[doesn't] need to 또는 need not과 바꾸어 쓸 수 있다.

(3) 의문문 전환

　　ⓐ S + must + 동사원형 ～

　　　→ [＿＿＿＿＿] + S + 동사원형 ～?

　　ⓑ S + have[has] to + 동사원형 ～

　　　→ [＿＿＿＿＿] + S + have to 동사원형 ～?

Challenge 2 should와 had better의 쓰임을 정확히 알고 있는가?

(1) 충고를 나타내는 조동사의 종류와 뜻

　　ⓐ should = ought to: 「 ～해야 한다, ～하는 것이 좋겠다」로 해석되며 must보다 강도가 약하다.

　　ⓑ had better: 「～해야 한다, ～하는 것이 좋겠다」로 해석되며 must보다 강도는 약하지만 should보다는 강하다.

(2) 충고를 나타내는 조동사의 부정: 「 ～해서는 안 된다, ～하지 않는 것이 좋겠다」

　　ⓐ should ↔ [＿＿＿＿＿]

　　ⓑ ought to ↔ [＿＿＿＿＿]

　　ⓒ had better ↔ [＿＿＿＿＿]

Unit 7 ● used to, would

I **used to** live in a small town, but now I live in Seoul.
나는 예전에 작은 마을에 살았으나 지금은 서울에 산다.
We **used to** believe in Santa Claus.
우리는 산타클로스의 존재를 믿곤 했었다.

1 used to와 would는 '~하곤 했(었)다'의 의미로 '과거에는 ~했지만 지금은 안 한다'의 뜻을 내포하고 있다.

I **used to** go to see operas every weekend, but now I hardly have any time.
나는 매 주말마다 오페라를 보러 가곤 했지만 지금은 시간이 거의 없다.

Most people **would** walk or ride horses. Today they drive cars.
대부분의 사람들은 걸어 다니거나 말을 타곤 했었다. 오늘날 사람들은 차를 타고 다닌다.

2 실제 영어를 모국어로 하는 사람들조차 과거의 규칙적인 것과 불규칙적인 것을 구별하기 애매하기 때문에 과거의 습관, 특히 행위를 나타낼 때는 used to와 would를 구별 없이 쓰고 과거의 행위가 아닌 '(예전에는)~이 있었다'는 상태인 경우에는 used to만 쓴다.

There **used to** be a forest, but many buildings are there now.
       would (X)
거기에는 한때 숲이 있었지만, 지금 그곳에 많은 건물이 있다.

3 used to의 부정은 never used to 또는 didn't use(d) to를 쓴다. '예전에는 ~하지 않았는데 지금은 ~한다'의 뜻이다. Yes/No 의문문은 'Did + 주어 + use(d) ~?'를 쓴다.

I **didn't use(d) to** watch TV. 나는 TV를 본 적이 없었다. (→ Once I didn't watch TV, but now I do.)
= I **never used to** watch TV.

Did you **use(d) to** play soccer? 너는 축구를 하곤 했니?   - Yes, I did. / No, I didn't. 응. 그랬어. / 아니. 그렇지 않았어.

기본기 탄탄 다지기

1 다음 우리말과 같도록 빈칸에 알맞은 말을 쓰시오.

(1) 나는 매일 5km를 조깅하곤 했다.

    I _____ _____ jog 5 kilometers every day.

(2) 나는 직장에서 늦게 귀가하곤 했다.

    I _____ come home late from work.

(3) 그는 내 충고를 들으려고 하지 않았다.

    He _____ _____ listen to my advice.

---

jog v. 조깅하다
would not (과거의 고집) ~하려고 하지 않았다

▶be(get) used to V-ing: ~에 익숙하다
I am used to sleeping alone. 나는 혼자 자는 것에 익숙하다.
I'm not used to eating with chopsticks. 나는 젓가락으로 먹는 것에 익숙하지 않다.

Unit 8 ● would like (to)

Preview

I **would like to** go abroad to study.
나는 해외로 공부하러 가고 싶다.

Would you **like** some coffee?
커피 좀 드실래요?

1 'would like to + 동사원형'은 '~하고 싶다'라는 의미로 'want + to + 동사원형'과 비슷한 의미이다. 'd like to 로 보통 줄여 쓴다.

I**'d like to** get something for my father. 아빠에게 뭔가 사드리고 싶어. (= I want to get ~)

I**'d like to** thank you for your kindness. 당신의 친절에 감사를 드리고 싶습니다. (= I want to thank you ~)

Would you **like to** join us for dinner tonight? 오늘 저녁을 우리와 함께 드실래요? (= Do you want to join ~?)

2 would like는 '~을 원하다'의 뜻으로 뒤에 명사가 온다. 'want + 명사'로 바꿔 쓸 수 있다. want보다 would like이 좀 더 공손한 표현이다.

I**'d like** some water. 나는 물을 원한다. (= I want ~)

He**'d like** a cup of coffee. 그는 커피 한 잔을 원한다. (= He wants ~)

Would you **like** green tea with your dessert? 디저트와 함께 녹차를 드실래요? (= Do you want green tea ~?)

기본기 탄탄 다지기

1 다음 두 문장의 의미가 같도록 빈칸에 알맞은 말을 쓰시오.

(1) I would like to be rich.

= I _____ _____ be rich.

(2) Would you like to come to the party on Saturday?

= _____ _____ _____ _____ come to the party on Saturday?

> **would like to ~하고 싶다**
>
> · I **would like to** go to the museum.
> · I **like to** go to the museum.
>
> would like to는 I want to go to the museum.을 의미하고 like to는 I enjoy the museum.을 의미한다.
> 따라서 would like는 현재 또는 미래에 어떤 일을 하고 싶다는 의미이고 like 는 항상(always), 주로(usually), 자주 (often) 어떤 일을 즐기거나 좋아한다 는 의미이다.

1 다음 두 문장을 연결하여 한 문장으로 완성하시오.

once ad. 한때
housewife n. 가정주부
anymore ad. 더 이상
Italian restaurant 이탈리아 식당
bakery n. 제과점

(1) My mother was once a soccer player.
+ She is a housewife now.

➡ My mother _____ _____ be a soccer player.

(2) I studied English hard in the past.
+ I don't study English anymore.

➡ I _____ _____ study English hard.

(3) There was an Italian restaurant at the corner.
+ Now there is a bakery at the corner.

➡ There _____ _____ be an Italian restaurant at the corner.

2 다음 두 문장의 의미가 같도록 빈칸에 알맞은 말을 쓰시오.

I lived in the house, but I don't live there now.

➡ I _____ _____ _____ in the house.

3 다음 글의 빈칸에 알맞은 말을 쓰시오.

movie theater 영화관
on foot 걸어서

(1) There _____ _____ _____ three movie theaters in town. Now there is only one.

(2) I _____ _____ _____ to school by bus. Now I go to school on foot.

4 다음 두 문장의 의미가 같도록 빈칸에 알맞은 말을 쓰시오.

I want to play basketball today.

= I _____ _____ _____ play basketball today.

서술형 기초 다지기 ❸

[1~3] 다음 우리말과 같도록 할 때 빈칸에 알맞은 것을 고르시오.

1

그녀는 주말마다 어머니를 돕곤 했다.
She _____ help her mother every weekend.

① could ② would
③ should ④ had to
⑤ had better

2

나는 한때 농구를 많이 했지만 지금은 그렇게 많이 하지는 않는다.
I _____ play basketball a lot, but I don't play as much now.

① had better ② ought to
③ would like ④ used to
⑤ need to

3

나는 한때 혼자 살았지만 지금은 아내와 세 명의 아이들과 함께 살고 있다.
I _____ live alone, but I live with my wife and three kids now.

① had to ② used to
③ may ④ ought to
⑤ should

4 다음 문장의 밑줄 친 부분의 쓰임이 나머지와 다른 것은?

① She used to have long hair.

② I used to swim in the river on weekends.

③ I am used to getting up early in the morning.

④ There used to be a big tree in front of the building.

⑤ She used to go shopping with her friends on Saturdays.

5 다음 두 문장의 의미가 같도록 빈칸에 알맞은 말을 쓰시오.

They went to church on Sundays in the past, but they don't go anymore.

➡ They ＿＿＿＿＿＿ ＿＿＿＿＿＿ go to church on Sundays.

[6~8] 다음 우리말과 같도록 빈칸에 알맞은 말을 쓰시오.

6 그녀는 너의 좋은 친구가 되고 싶어 한다.

She ＿＿＿＿＿ ＿＿＿＿＿ ＿＿＿＿＿ be your good friend.

7 Erica는 최근에 커피를 마시기 시작했다. 전에는 결코 커피를 좋아하지 않았다.

Erica started drinking coffee recently. She never ＿＿＿＿＿ ＿＿＿＿＿ like it before.

8 그녀는 내 충고를 받아들이려고 하지 않았지만 네 말을 들었다.

She ＿＿＿＿＿ ＿＿＿＿＿ take my advice, but she listened to you.

9 다음 두 문장을 하나의 문장으로 연결하여 한 문장으로 완성하시오.

I once thought her cute. + I don't think her cute now.

➡ I ＿＿＿＿＿ ＿＿＿＿＿ ＿＿＿＿＿ her cute.

10 다음 우리말과 같도록 빈칸에 알맞은 말을 쓰시오.

뭘 주문하시겠습니까?

What ＿＿＿＿＿ ＿＿＿＿＿ ＿＿＿＿＿ ＿＿＿＿＿ order?

= What ＿＿＿＿＿ ＿＿＿＿＿ ＿＿＿＿＿ ＿＿＿＿＿ order?

Oral Test

Challenge 1 과거의 습관을 나타내는 조동사의 종류에는 어떤 것들이 있을까?

(1) [   ] : 「~하곤 했다」의 뜻으로 과거의 규칙적인 습관을 나타낸다.

My father [   ] go fishing every Sunday. 나의 아버지는 매주 일요일마다 낚시를 가곤 하셨다.

(2) [   ] : 「~하곤 했다」의 뜻으로 과거의 불규칙적인 습관을 나타낸다.

I [   ] often go fishing. 나는 자주 낚시를 가곤 했다.

➡ 규칙과 불규칙의 기준이 애매하므로 보통 과거의 습관을 나타내는 경우 둘 다 같이 쓸 수 있다.

Challenge 2 과거의 상태를 나타내는 조동사는 무엇이 있을까?

[   ] 는 「한때/옛날에/전에 ~이었다/있었다/했었다」의 뜻으로 과거의 상태를 나타낸다.

ⓐ There [   ] be a park near my house. 우리 집 근처에는 예전에 공원이 있었다.

ⓑ My mother [   ] be a singer. 나의 어머니는 한때 가수였다.

ⓒ I [   ] work for the company. 나는 전에 그 회사에서 일했다.

Challenge 3 would like to

'[   ]'는 뜻으로 소망을 표현하며 want to로 바꾸어 쓸 수 있다.

I **would like to** see an action movie.

나는 액션 영화를 [   ].

[1~2] 다음 문장 중 어법상 올바른 것을 고르시오.

1
① Tom have to do the work.
② You ought not to go there.
③ You had better to call her.
④ He cans play the piano well.
⑤ He musted study for an exam.

2
① You have better go there by plane.
② You have not better go there by plane.
③ You had better to go there by plane.
④ You had better not go there by plane.
⑤ You had not better go there by plane.

3 다음 짝지어진 두 문장의 의미가 다른 것은?
① I would like to meet you.
   = I want to meet you.
② Can I use your mobile phone?
   = May I use your mobile phone?
③ You must not do the work.
   = You don't have to do the work.
④ You should obey your parents.
   = You ought to obey your parents.
⑤ I must get up early in the morning.
   = I have to get up early in the morning.

4 다음 밑줄 친 may의 뜻이 나머지와 다른 것은?
① He may be a ghost.
② It may snow tomorrow.
③ He may not be at home.
④ You may go out to play.
⑤ She may know the answer.

5 다음 문장의 밑줄 친 부분과 바꾸어 쓸 수 있는 것은?

> He must apologize to me.

① have to   ② needed to   ③ used to
④ would like to ⑤ has to

[6~7] 다음 문장이 같도록 빈칸에 알맞은 말을 쓰시오.

6
> I can solve the riddle.
> = I _____ _____ _____ solve the riddle.

7
> It will be clear this weekend.
> = It _____ _____ _____ be clear this weekend.

[8~9] 다음 대화를 읽고 물음에 답하시오.

> A: Mike, have you met Jenny recently?
> B: Yes, I ____ⓐ____. How about you?
> A: I haven't seen her for a long time, so I want to meet her.
> B: I will give you her number. But you may not recognize her when you see her.
> A: Why?
> B: She has changed a lot. She ____ⓑ____ have long hair and look naive, but now she has short hair and wears a lot of make-up.
> naive a. 순진한 wear a lot of make-up 화장을 진하게 하다

8 위 대화의 빈칸 ⓐ에 알맞은 말을 쓰시오.

9 위 대화의 빈칸 ⓑ에 알맞은 말을 쓰시오.

10 다음 우리말과 같도록 빈칸에 알맞은 말을 쓰시오.

> 너는 내일까지 이 책을 다 읽어야 할 것이다.
> You _____ _____ _____ finish
> this book by tomorrow.

11 다음 주어진 문장의 밑줄 친 부분과 쓰임이 같은 것은?

> Can I go to the concert?

① Can you help me?
② I can drive a car.
③ I can solve the problem.
④ Can you speak Korean?
⑤ You can have this if you want.

12 다음 중 부정문으로 잘못 고친 것은?

① You should press the button.
➡ You shouldn't press the button.
② You had better wear a coat.
➡ You had better not wear a coat.
③ You must call the police.
➡ You mustn't call the police.
④ You ought to take the medicine.
➡ You ought to not take the medicine.
⑤ You have to clean your room now.
➡ You don't have to clean your room now.

[13~14] 다음 대화의 괄호 안에서 알맞은 것을 고르시오.

13
> A: May I open the window?
> B: No, you [mustn't / mayn't]. It's
> freezing. And I have a bad cold.

14
> A: Must we wear our school uniforms
> every day?
> B: No, we [mustn't / need not]. We can
> wear casual clothes on Fridays.

[15~17] 다음 글을 읽고 물음에 답하시오.

> When Bong-soon and her mother were
> walking home, a small dog began following
> them. There was a note tied to the dog's
> collar. Bong-soon read the note. It said,
> "My name is Jjang-gu. My owner ____ⓐ____
> raise me. ____ⓑ____ I be your pet?" Bong-
> soon showed the note to her mother. And
> she said to her, " ____ⓑ____ I keep the dog?
> The puppy looks like a nice dog." Mother
> allowed her to keep it. Both Bong-soon and
> Jjang-gu were happy because Bong-soon
> had a new friend and Jjang-gu had a new
> home.

15 위 글의 빈칸 ⓐ에 알맞은 것은?

① used to   ② wouldn't   ③ can't
④ may not   ⑤ must not

16 위 글의 빈칸 ⓑ에 공통으로 알맞은 것은?

① Must   ② Should   ③ Shall
④ May   ⑤ Would

17 위 글의 내용과 일치하지 않는 것은?

① A male dog was following Bong-soon.
② The dog was a puppy.
③ Mother let Bong-soon keep the dog.
④ Bong-soon had a new puppy.
⑤ Jjang-gu had a new owner.

값을 매길 수 없는 소중한 사람

There was a student who was always left out by his peers. The frustrated student asked the teacher for counseling. "Teacher, (a) I can't stand it any more. Everyone leaves me out. I feel as if I'm worthless." The teacher who was listening quietly took out a stone the size of a fist, handing it to him and asked, "How valuable do you think this stone is? Go to the market and ask many people about it." The disciple went to the market and asked a peddler. The peddler said, "Damn it! This stone has no value. Throw it away!" Then, he went to the butcher's. The owner said, "This stone doesn't look like an ordinary one. I (b) _____ pay one *geun of pork for it." This time he went to a rice mill. The owner said, "I know a little about stones. This stone is surely not an ordinary one. I (b) _____ pay one *mal of rice for it." Lastly, he went to a jewelry shop. The owner glanced at it and was surprised. He began to take a close look at it. And then he spoke with a trembling voice. "How much do you want for it? I (b) _____ pay as much as you want. Actually, this stone is such a rare stone that one can't really put a price on it. So the value of it is whatever you ask of it." The teacher said to the disciple, "Look! Even though your peers treat you as one *geun of pork, one *mal of rice, or a worthless stone, your value is as you put it. How much do you think you are worth?"

geun 근(도량형으로 0.6킬로그램) **mal** 말(도량형으로 약 18리터)

1 위 글의 밑줄 친 (a)와 의미가 같도록 빈칸에 알맞은 말을 쓰시오.

I _____ _____ _____ _____ stand it any more.

2 위 글의 빈칸 (b)에 공통으로 알맞은 것은?

① can   ② must   ③ had better   ④ used to   ⑤ will

Pair work A 보기와 같이 can과 have to를 이용하여 묻고 답하는 말하기 연습을 하세요. 연습이 한번 끝난 후 서로 역할을 바꿔 다시 말하기 연습을 하세요.

the movies / ?
➡ study for a test

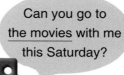
Can you go to the movies with me this Saturday?

Sorry, I have to study for a test.

1

the zoo / ?
➡ go to my uncle's house

2

the party / ?
➡ brush up on math

Pair work B 보기와 같이 be going to를 이용하여 묻고 답하는 말하기 연습을 하세요. 연습이 한번 끝난 후 서로 역할을 바꿔 다시 말하기 연습을 하세요.

study chemistry
➡ go fishing with my family

I'm going to study chemistry. What are you going to do this weekend?

I'm going to go fishing with my family this weekend.

1

travel to Europe
➡ take the dog for a walk

2

take swimming lessons
➡ ride my bicycle

실전 서술형 평가 문제

출제의도 | 상대방에게 충고의 말 표현하기

평가내용 | had better를 이용한 충고표현 익히기

서술형 유형	7점
난이도	하

 A 주어진 글을 읽고 10대 소녀에게 해줄 수 있는 충고를 had better를 이용하여 보기와 같이 쓰시오.

보기 I don't do my homework.

➡ You had better do your homework.

1 I drink a lot of coffee.

➡ _____

2 I stay out at parties all night.

➡ _____

3 I don't listen to my parents.

➡ _____

4 I ask for money from my parents every day.

➡ _____

5 I wear dirty shoes inside the house.

➡ _____

6 I am not nice to my brother and sister.

➡ _____

7 I spend all my money on clothes.

➡ _____

평가영역	채점기준	배점
유창성(Fluency) & 정확성(Accuracy)	7개의 문장을 모두 올바른 표현과 함께 정확하게 완성한 경우 (문법, 철자가 모두 정확한 경우)	7×1 = 7점
	had better를 쓰지 못하였거나 문법, 철자가 1개씩 틀린 경우	문항 당 1점씩 감점
	내용과 전혀 일치하지 않거나 답을 기재하지 못한 경우	0점

실전 서술형 평가 문제

출제의도 | 일상생활에서 be going to 표현하기
평가내용 | be going to의 쓰임

서술형 유형	10점
난이도	중상

B 다음은 Peter와 Olivia의 다음 주 정해진 일정을 작성한 것이다. 보기와 같이 주어진 질문에 알맞은 답을 미래시제 be going to를 이용한 문장으로 쓰시오.

Monday: **Peter** - take guitar lessons
Tuesday: **Olivia** - meet her friends
Wednesday: **Peter** - go to a concert
Thursday: **Peter** - play tennis with his mother
Friday: **Peter and Olivia** - rent a car and go to the beach
Saturday: **Peter and Olivia** - watch a scary movie

> 보기 Q: Is Peter going to play soccer next Monday?
> A: No, he isn't. He's going to take guitar lessons.

1 Q: Is Olivia going to water the plants next Tuesday?

A: _____

2 Q: Is Peter going to watch a basketball game next Wednesday?

A: _____

3 Q: Is Peter going to study math next Thursday?

A: _____

4 Q: Are Peter and Olivia going to buy a new house next Friday?

A: _____

5 Q: Are Peter and Olivia going to visit Seoul next Saturday?

A: _____

평가영역	채점기준	배점
유창성(Fluency) & 정확성(Accuracy)	5개의 문장을 모두 올바른 표현과 함께 정확하게 완성한 경우 (문법, 철자가 모두 정확한 경우)	5×2 = 10점
	be going to를 쓰지 못하였거나 문법, 철자가 1개씩 틀린 경우	문항 당 1점씩 감점
	내용과 전혀 일치하지 않거나 답을 기재하지 못한 경우	0점

실전 서술형 평가 문제

실전 서술형 평가 문제

출제의도 | used to를 이용하여 과거와 현재 표현하기
평가내용 | used to의 쓰임 익히기

서술형 유형	12점
난이도	중상

C 다음은 Isabella와 Jacob이 과거에는 했지만 현재는 안하는 일, 과거에는 안 했지만 현재에는 하는 일을 나타내고 있다. 보기와 같이 used to와 didn't use to를 이용하여 완전한 문장을 쓰시오.

	Now	Past		Now	Past	
	O	X	walk to school	X	O	
	X	O	play badminton after school	O	X	
	O	X	eat fast food	X	O	
Isabella	X	O	wash clothes by hand	O	X	Jacob

보기 Isabella didn't use to walk to school, but she does now.

Jacob used to walk to school, but he doesn't now.

1 _____

2 _____

3 _____

4 _____

5 _____

6 _____

평가영역	채점기준	배점
유창성(Fluency) & 정확성(Accuracy)	6개의 문장을 모두 올바른 표현과 함께 정확하게 완성한 경우 (문법, 철자가 모두 정확한 경우)	6×2 = 12점
	used to와 didn't use to를 쓰지 못하였거나 문법, 철자가 1개씩 틀린 경우	문항 당 1점씩 감점
	내용과 전혀 일치하지 않거나 답을 기재하지 못한 경우	0점

Chapter 6
수동태

Unit 1 ● 능동태와 수동태

Preview

The telephone **was invented** in 1876.
전화기는 1876년에 발명되었다.
A picture on the wall **was stolen** by a thief.
벽에 걸려있던 그림 한 점이 도둑에 의해 도난당했다.

1 일상 영어에서 우리가 가장 많이 쓰는 문장은 주어가 동작의 주체가 되어 그 행위나 동작을 직접 하는 능동태 (active voice) 문장이다. 이에 반해 주어가 동작을 하는 주체가 아닌 동작을 받는(당하는) 대상이 되어 무슨 일이 일어났는지에만 중점을 두는 문장을 수동태(passive voice)라고 한다.

She **studies** English literature at university. 그녀는 대학에서 영문학을 공부한다.
→ '그녀'가 영문학을 공부한다는 것에 중점을 둠 (능동태)

Plastic bottles **are recycled** by us. 플라스틱 병들은 우리에 의해 재활용된다.
→ '플라스틱 병들은' 재활용된다는 것에 중점을 둠 (수동태)

기본기 탄탄 다지기

1 다음 문장이 능동태이면 "능", 수동태이면 "수"를 괄호 안에 쓰시오.

(1) This house was built by my father. ( )

(2) They did the work. ( )

(3) English is spoken in many countries. ( )

(4) The vase was broken by John. ( )

(5) He reads a lot of books. ( )

▶수동태는 반드시 써야 하는 경우를 제외하고는 일상 생활에서 잘 쓰지 않는다. 기본적으로 수동태 문장은 능동태 문장에 비해 친밀감이 적고, 형식적인 느낌을 주기 때문이다.

Unit 2 • 수동태 만들기

The Eiffel Tower **was built** in 1889.
에펠탑은 1889년에 지어졌다.

It **was designed** by Gustave Eiffel.
그것은 Gustave Eiffel에 의해 디자인되었다.

① 수동태 만드는 방법

(1) 능동태의 목적어를 주어로 쓴다. (대명사는 주격으로 바꿈.)

(2) 동사는 'be동사 + 과거분사'로 바꾸고, be동사는 주어가 된 목적어의 수와 시제에 맞게 쓴다.

(3) 능동태의 주어는 'by + 목적어'로 바꾸고 문장 뒤에 쓴다. (대명사는 목적격으로 바꿈.)

Shakespeare **wrote** Hamlet. 셰익스피어가 햄릿을 썼다.

Hamlet **was written** by Shakespeare. 햄릿은 셰익스피어에 의해 쓰여졌다.
주어(행위의 대상)　　　　　실제 행위자

② 수동태의 해석은 '~되다, ~지다, ~당하다, ~받다'의 뜻으로 해석한다.

The magazine **is read** by a lot of people. 그 잡지는 많은 사람들에 의해 읽혀진다.
Movie stars **are loved** by teenagers. 영화배우들은 10대들에 의해 사랑받는다.
This machine **is used** to take pictures. 이 기계는 사진을 찍는데 사용된다.
The traffic jam **was caused** by the car accident. 교통체증이 자동차 사고 때문에 발생되었다.
The escaped prisoner **was arrested** by a brave girl. 탈주범이 한 용감한 소녀에게 체포되었다.

기본기 탄탄 다지기

1 다음 능동태 문장을 수동태 문장으로 고치시오.

(1) I write a letter.

➡ _____

(2) He made these toys.

➡ _____

(3) Mariah Carey sang the song.

➡ _____

(4) Our parents love us.

➡ _____

(5) Jason invented this machine.

➡ _____

invent v. 발명하다

▶4형식 문장은 목적어가 2개 있으므로 기본적으로 2개의 수동태가 가능하나, 주로 간접목적어의 사람을 주어로 하는 수동태를 많이 쓴다.
He teaches us English.
→ **We** are taught English by him.
→ **English** is taught to us by him.
buy, make, write, cook, explain, suggest는 직접목적어만을 주어로 써서 수동태를 만든다. 간접목적어를 주어로 쓰면 어색한 문장이 되기 때문이다.
My dad bought me a smartphone.
→ **A smartphone** was bought for me by my dad.

1 다음 문장을 수동태로 만들려고 한다. 빈칸에 알맞은 말을 쓰시오.

(1) Our teacher loves us.

➡ We _____ _____ by our teacher.

(2) Many people read the newspaper.

➡ The newspaper _____ _____ by many people.

(3) Se-jin cleaned the room.

➡ The room _____ _____ by Se-jin.

2 다음 수동태 문장을 능동태 문장으로 고치시오.

thief n. 도둑
take a picture 사진을 찍다

(1) This book is read by many students.

➡ _____

(2) The thief was caught by Joel.

➡ _____

(3) These pictures were taken by Benjamin.

➡ _____

3 다음 주어진 동사들의 과거와 과거분사형을 쓰시오.

동사원형	과거	과거분사
(1) break	_____	_____
(2) build	_____	_____
(3) buy	_____	_____
(4) catch	_____	_____
(5) do	_____	_____
(6) draw	_____	_____
(7) find	_____	_____
(8) give	_____	_____
(9) hold	_____	_____
(10) know	_____	_____

[1~2] 다음 문장의 빈칸에 알맞은 것을 고르시오.

1

> The World Cup 2002 _____ in Korea and Japan.

① hold   ② held

③ was hold   ④ were held

⑤ was held

2

> The actress is loved _____ all Koreans.

① to   ② for

③ of   ④ by

⑤ with

3 다음 문장 중 어법상 <u>어색한</u> 것은?

① My car was stolen yesterday.

② I was born on April 2nd, 1975.

③ This spaghetti was maked by Jane.

④ That picture was taken by my father.

⑤ The murderer was caught by the police.

4 다음 대화의 빈칸에 알맞은 것끼리 바르게 짝지은 것은?

> A: Do you know who ___ⓐ___ the telephone?
> B: The telephone ___ⓑ___ by Bell.

	ⓐ	ⓑ
①	was invented	invented
②	invented	is invented
③	invented	was invented
④	invents	was invented
⑤	was invented	was invented

5 다음 문장 중 어법상 올바른 것은?

① This letter was writen by Jack.

② The window was broke by Kelly.

③ All the apples were ate by Tom.

④ The book was read by many people.

⑤ The house was builded by my grandfather.

6 다음 문장 중 수동태로 <u>잘못</u> 고친 것은?

① Jane cooked this food.
➡ This food was cooked by Jane.

② Dana sang the song.
➡ The song was sang by Dana.

③ Erica sent an e-mail to Eric.
➡ An e-mail was sent to Eric by Erica.

④ I carried the bag.
➡ The bag was carried by me.

⑤ Many people use mobile phones.
➡ Mobile phones are used by many people.

[7~9] 다음 우리말과 같도록 수동태 문장으로 영작하시오.

7 A: Who took the picture?

B: _____

(나의 아버지가 그 사진을 찍었다.)

8 A: Who told the story to him?

B: _____

(내가 그에게 그 이야기를 했다.)

9 A: Did you catch the whale?

B: No, I didn't. _____

(나의 삼촌이 그 고래를 잡았다.)

Oral Test

Challenge 1 능동태와 수동태의 차이점은 무엇일까?

[　　　　　]는 동작을 행하는 행위자에 초점을 둔 문장이고, [　　　　　]는 동작을 받는 대상에 초점을 둔 문장이다.

Challenge 2 3형식 문장은 수동태를 어떻게 만들까?

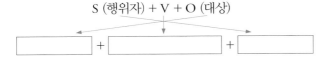

S (행위자) + V + O (대상)

[　　　　　] + [　　　　　　　] + [　　　　　]

Challenge 3 동사가 수동태가 될 때 어떻게 해석할까?

(1) do 「하다」 ➡ be done [　　　　　]

(2) read 「읽다」 ➡ be read [　　　　　]

(3) love 「사랑하다」 ➡ be loved [　　　　　]

(4) use 「사용하다」 ➡ be used [　　　　　]

(5) steal 「훔치다」 ➡ be stolen [　　　　　]

(6) break 「깨다」 ➡ be broken [　　　　　]

(7) fix 「고치다」 ➡ be fixed [　　　　　]

(8) cause 「발생시키다」 ➡ be caused [　　　　　]

Unit 3 ● 조동사가 있는 수동태

That book **should be returned** tomorrow.
저 책은 내일 반납되어야 한다.
The old couple **will be helped** by them.
그 노부부는 그들에 의해 도움을 받게 될 것이다.

1 조동사가 있는 수동태는 '조동사 + be동사 + 과거분사'를 쓴다. 수동태를 만든 문장에 능동태에 있던 조동사를 be동사 앞에 그대로 써주기만 하면 된다.

You **must** finish the project. 너는 그 프로젝트를 끝내야 한다.
➡ The project **must be finished** by you. 그 프로젝트는 너에 의해 끝내져야 한다.

Nancy **will** play the cello. Nancy가 첼로를 연주할 것이다.
➡ The cello **will be played** by Nancy. 첼로가 Nancy에 의해 연주될 것이다.

기본기 탄탄 다지기

1 다음 문장을 수동태로 만들 때 빈칸에 알맞은 말을 쓰시오.

(1) She may help the old couple.
➡ The old couple _____ her.

(2) You must finish the work.
➡ The work _____ you.

(3) She will visit you.
➡ You _____ her.

(4) Dad can repair the car.
➡ The car _____ dad.

old couple 노부부
repair v. 수리하다

2 다음 능동태 문장을 수동태 문장으로 고치시오.

(1) I should water the flowers.
➡ _____

(2) They will sing songs on the street.
➡ _____

(3) Young people ought to respect old people.
➡ _____

water v. (~에) 물을 주다
respect v. 존경하다

Unit 4 ● 수동태의 부정문

The letter **was not written** by her.
그 편지는 그녀에 의해 쓰여지지 않았다.
The singer **isn't loved** by people.
그 가수는 사람들에게 사랑받지 않는다.

1 수동태의 부정은 be동사 뒤에 not만 쓰면 된다.

Steve doesn't use the tablet PC. Steve는 테블릿 PC를 사용하지 않는다.
➡ The tablet PC **is not used** by Steve. 테블릿 PC는 Steve에 의해 사용되지 않는다.

The police didn't arrest the escaped prisoner. 경찰은 탈주범을 체포하지 못했다.
➡ The escaped prisoner **wasn't arrested** by the police. 탈주범은 경찰에 의해 체포되지 않았다.

기본기 탄탄 다지기

1 다음 능동태 문장을 수동태 문장으로 바꾸어 쓰시오.

(1) I didn't cook the food.
➡ The food _____ by me.

(2) They didn't wash the dishes.
➡ The dishes _____ by them.

(3) James doesn't do his homework.
➡ _____

(4) Ben didn't steal the money.
➡ _____

wash the dishes 설거지하다
steal v. 훔치다

2 다음 능동태 문장을 수동태 문장으로 고치시오.

(1) Japanese don't speak English.
➡ _____

(2) She didn't bake the cookies.
➡ _____

(3) You can't understand the meaning.
➡ _____

bake v. 굽다

Unit 5 • 수동태의 의문문

Was the telephone **invented** by Graham Bell**?**
전화가 그레이엄 벨에 의해 발명되었니?

When was the telephone **invented?**
전화가 언제 발명되었니?

① 수동태의 Yes/No 의문문은 be동사의 의문문과 똑같이 be동사를 문장 맨 앞으로 보내고 물음표(?)만 쓰면 된다.

This spaghetti **was made** by Sunny. 이 스파게티는 Sunny에 의해 만들어졌다.
➡ **Was** this spaghetti **made** by Sunny? 이 스파게티는 Sunny에 의해 만들어졌니?
- Yes, it was. / No, it wasn't.

② 의문사가 있는 수동태의 의문문은 '의문사 + be동사 + 주어 + 과거분사 ~?'의 어순으로 쓴다.

The washing machine **was fixed** by Scott. 그 세탁기는 Scott에 의해 고쳐졌다.
➡ **Was** the washing machine **fixed** by Scott? 그 세탁기는 Scott에 의해 고쳐졌니?
➡ **When was** the washing machine **fixed** by Scott? 언제 그 세탁기가 Scott에 의해 고쳐졌니?

기본기 탄탄 다지기

1 다음 능동태 문장을 수동태 문장으로 고치시오.

(1) Does your father teach English?
➡ _____ by your father?

(2) Why did he make the box?
➡ _____ by him?

2 다음 능동태 문장을 수동태 문장으로 고치시오.

(1) Did you draw this picture?
➡ _____

(2) Why did your parents visit your teacher?
➡ _____

(3) Who sang the song?
➡ _____

▶By whom으로 시작하는 의문문은 By를 문장 뒤로 보내고 whom만 남겨두면서 whom 대신에 who를 쓰는 경우가 많은데 이는 whom이 너무 격식을 차린 표현이기 때문이다. 그리고 일상 영어에서는 일반적으로 수동태를 쓰지 않고 Who를 주어로 하는 능동태로 쓰는 것이 더 자연스럽다.

By **whom** was the novel written?
누가 저 소설을 썼니? ▶ formal
→ Who was the novel written by?
▶ informal
→ Who wrote the novel?
▶ more natural

draw v. 그리다

서술형 기초 다지기 ❷

1 다음 대화의 빈칸에 알맞은 것은?

> A: Can you solve the problem?
> B: Yes I can. The problem _____ easily by me.

① is solved   ② can be solve

③ is can be solved   ④ can be solved

⑤ is be solved

2 다음 문장을 수동태로 <u>잘못</u> 고친 것은?

① I wrote this poem.
  ➡ This poem was written by me.

② I will make a doll.
  ➡ A doll will be make by me.

③ I will read the book.
  ➡ The book will be read by me.

④ My father will cut down the tree.
  ➡ The tree will be cut down by my father.

⑤ You may run over a dog.
  ➡ A dog may be run over by you.

3 다음 대화의 밑줄 친 부분을 수동태로 바르게 고친 것은?

> A: Is it easy to cook the dish?
> B: Yes, it is. <u>You can cook the dish easily.</u>

① The dish is easy to cook.

② The dish is cooked easily by you.

③ The dish is can be cook easily by you.

④ The dish can be cooked easily by you.

⑤ The dish is can be cooked easily by you.

4 다음 문장을 수동태로 <u>잘못</u> 고친 것은?

① What did you buy?
➡ What was bought by you?

② Who do you like?
➡ Who is liked by you?

③ Who invented Hangeul?
➡ Who was Hangeul invented?

④ When did you take this picture?
➡ When was this picture taken by you?

⑤ When did you send an e-mail to him?
➡ When was an e-mail sent to him by you?

5 다음 수동태 문장을 능동태 문장으로 바꾸어 쓰시오.

The heavy stone can't be lifted by him.

➡ _____

[6~8] 다음 능동태 문장을 수동태 문장으로 고칠 때 빈칸에 알맞은 말을 쓰시오.

6 I will keep a diary from today on.

➡ A diary _____ from today on.

7 What did you do yesterday?

➡ What _____ yesterday?

8 Who broke this vase?

➡ _____

Oral Test

Challenge 1 조동사가 있는 문장은 어떻게 수동태로 만들까?

S + 조동사 + 동사원형 + O

[ ] + [ ] + [ ]

Challenge 2 수동태를 부정할 때는 어떻게 할까?

S + do동사 + not + 동사원형 + O

[ ] + [ ] + [ ]

Challenge 3 수동태를 어떻게 의문문으로 만들까?

(1) 의문사가 없는 의문문

Do동사 + S + 동사원형 + O ~?

[ ] + [ ] + [ ] + [ ] ~?

(2) 의문사가 있는 경우

의문사 + do동사 + S + 동사원형 + O~?

[ ] + [ ] + [ ] + [ ] + [ ] ~?

Unit 6 ● 행위자 (by + 목적어) 생략

English **is spoken** in many countries.
영어는 많은 국가에서 말해진다(사용된다).
My grandfather **was killed** in the Korean War.
내 할아버지는 한국 전쟁에서 돌아가셨다.

(1) 수동태 문장에서 실제 어떤 동작의 행위자를 'by + 목적격'으로 표시하는데 그 행위를 누가 했는지 중요한 경우만 쓴다(사용 비율은 20% 정도에 불과). 행위자가 일반사람(by people)이거나 언급하지 않아도 누구나 알 수 있는 경우, 그리고 누구에 의해 행해졌는지 알 수 없거나 중요하지 않은 경우에 행위자 'by + 목적격'을 생략한다.

I **was invited** to Kevin's wedding. 나는 Kevin의 결혼식에 초대받았다.

Many dogs and cats **are run** over every year. 매년 많은 개와 고양이들이 차에 치인다.

The temple **was built** a long time ago. 그 사원은 오래전에 지어졌다.

(2) 목적어를 갖지 않는 자동사나 목적어가 있어도 동사가 상태(have, become, resemble, fit, lack 등)를 나타내는 경우에는 수동태를 만들지 못한다.

He **became** a doctor. 그는 의사가 되었다.

You really **resemble** your father. 너는 너의 아버지를 정말 닮았다.

기본기 탄탄 다지기

1 다음 문장을 수동태로 만들 수 있으면 O, 그렇지 않으면 X를 괄호 안에 쓰시오.

(1) I have a dog. ( )

(2) I won the scholarship. ( )

(3) My sister became a nurse. ( )

> scholarship n. 장학금

2 다음 문장에서 생략할 수 있는 곳에 밑줄을 치시오.

(1) Sugar is sold at the grocery by them.

(2) My diamond ring was stolen by someone yesterday.

> grocery n. 식료품점

Unit 7 • by 이외의 전치사를 쓰는 수동태

He **isn't interested in** learning another language.
그는 다른 언어를 배우는 데에 흥미가 없다.
My parents **were satisfied with** my exam results.
부모님은 내 시험 결과에 만족하셨다.

① 수동태의 행위자를 나타내고자 할 때 주로 by를 쓰지만 by가 아닌 다른 전치사를 쓰기도 한다. 이런 표현들은 따로 암기해 두어야 한다.

be interested in ~에 흥미가 있다	I'm **interested in** cooking. 나는 요리에 관심이 있다.
be surprised at(by) ~에 놀라다	I **was surprised at** the news. 나는 그 소식에 놀랐다.
be satisfied with ~에 만족하다	You should **be satisfied with** what you have. 당신은 당신이 가지고 있는 것에 만족해야 한다.
be excited about ~에 흥분해 있다	He **was excited about** the new job. 그는 새 직업에 흥분해 있었다.
be filled with ~로 가득 차 있다	This book **is filled with** many interesting pictures. 이 책은 많은 재미있는 그림들로 가득 차 있다.
be crowded with ~로 가득 차다(붐빈다)	Myeongdong **is** always **crowded with** shoppers. 명동은 항상 쇼핑객들로 붐빈다.
be worried about ~에 대해 걱정하다	I **am worried about** my grades. 나는 내 성적이 걱정이다.
be disappointed with(in) ~에 실망하다	I'm **disappointed with(in)** you. 나는 너한테 실망했어.

기본기 탄탄 다지기

1 다음 능동태 문장을 수동태 문장으로 만들 때 빈칸에 알맞은 말을 쓰시오.

(1) Science interests me.
➡ I _____ science.

(2) The meal satisfied us.
➡ We _____ the meal.

(3) The news surprised him.
➡ _____ the news.

(4) Snow covered the mountain.
➡ The mountain _____ snow.

(5) His gift pleased me.
➡ I _____ his gift.

The boy *was tired* **of** playing with the toys.
그 소년은 그 장난감들을 가지고 노는 것에 싫증이 났다.
I'*m tired* **with** too much work.
나는 너무 많은 일로 피곤하다.

① 전치사에 따라 뜻이 달라지는 표현들이 있다. 이런 표현들은 따로 암기해 두어야 한다.

be tired of ~에 싫증나다, 지겹다	**I'm tired of** her lies. 나는 그녀의 거짓말이 지겹다.
be tired with ~로 피곤하다	**I'm tired with** lots of work. 나는 많은 일로 피곤하다.
be made from ~로 만들어지다 (재료가 다른 물질로 변할 때)	The backpack **is made from** nylon. 그 배낭은 나일론으로 만들어진다.
be made of ~로 만들어지다 (재료의 성질이 남아 있을 때)	Milk cartons **are made of** paper. 우유팩은 종이로 만들어진다.
be known for ~로 유명하다 (이유)	He **is** well **known for** break dancing. 그는 브레이크 댄스로 유명하다.
be known to ~에게 알려져 있다 (대상)	She **is** well **known to** teenagers. 그녀는 10대들에게 잘 알려져 있다.
be known as ~로(서) 알려져 있다 (자격)	She **is known as** a famous actress. 그녀는 유명한 여배우로 알려져 있다.
be known by ~에 의해 알려져 있다 (판단의 기준)	A man **is known by** the company he keeps. 친구를 보면 그 사람을 알 수 있다.

기본기 탄탄 다지기

1 다음 문장을 우리말로 해석하시오.

(1) I am tired of my job.

_____

(2) He was tired with overwork.

_____

2 다음 우리말과 같도록 빈칸에 알맞은 전치사를 쓰시오.

(1) 나는 라면이 지겹다.

I am tired _____ ra-myeon.

(2) 포도주는 포도로 만든다.

Wine is made _____ grapes.

(3) 라스베가스는 카지노와 도박으로 유명하다.

Las Vegas is well known _____ casinos and gambling.

casino n. 카지노
gambling n. 도박

서술형 기초 다지기 ③

1 다음 능동태 문장을 수동태 문장으로 고칠 때 빈칸에 알맞은 것은?

> Computer games interest my brother.
> ➡ My brother is interested _____ computer games.

① to   ② for   ③ of

④ by   ⑤ in

2 다음 문장의 빈칸에 공통으로 알맞은 말을 쓰시오.

> • Her eyes were filled _____ tears.
> • His parents were pleased _____ his success.

3 다음 문장 중 어법상 어색한 것은?

① This table is made by wood.

② I am satisfied with the result.

③ The letter was sent by her.

④ We were surprised at the news.

⑤ The roof was covered with snow.

4 다음 문장의 빈칸에 들어갈 말이 나머지와 <u>다른</u> 것은?

① I am bored _____ football.

② The picture was taken _____ me.

③ The mirror was broken _____ Justin.

④ We were surprised _____ his bravery.

⑤ This book was written _____ Thomas.

5 다음 문장의 빈칸에 알맞은 것끼리 짝지은 것은?

> • They were tired _____ overwork.
> • I am disappointed _____ myself.

① of - by　　　　　　② of - with　　　　　　③ with - from

④ about - about　　　⑤ with - in

6 다음 주어진 문장의 빈칸에 들어갈 말과 같은 것은?

> This bottle is filled _____ water.

① I am excited _____ my new job.

② The subway is crowded _____ people.

③ The kite was made _____ my father.

④ Cheddar cheese is made _____ fresh milk.

⑤ He is known _____ every student in my school.

[7~8] 다음 문장의 빈칸에 각각 알맞은 말을 쓰시오.

7 ⓐ The cardboard box is made _____ paper.

　　ⓑ Emperor Qin Shihuang is known _____ everyone in China.

8 ⓐ I am tired _____ your excuses.

　　ⓑ Cake is made _____ flour, milk, and eggs.

Oral Test

Challenge 1 수동태를 만들 수 없는 동사는 어떤 것들이 있을까?

(1) [   ]를 갖지 않는 동사(자동사)

(2) 목적어를 갖지만 [   ]를 나타내는 동사

Challenge 2 〈by + 행위자〉는 어떤 경우에 생략하는가?

(1) 행위자가 일반인인 경우
(2) 행위자가 중요하지 않거나 언급하지 않아도 알 수 있는 경우
(3) 행위자가 누구인지 알 수 없거나 불분명한 경우

Challenge 3 by 이외의 전치사를 쓰는 수동태에는 어떤 것들이 있을까?

S + be동사 + 과거분사 + at/with/of/in, etc.

(1) [   ] : ～에 흥미가 있다   (5) [   ] : ～로 덮여 있다

(2) [   ] : ～에 대해 걱정하다   (6) [   ] : ～에 만족하다

(3) [   ] : ～와 결혼하다   (7) [   ] : ～로 가득 차 있다

(4) [   ] : ～에 놀라다   (8) [   ] : ～에 기뻐하다

Challenge 4 전치사에 따라 뜻이 달라지는 표현들은 어떤 것이 있을까?

(1) be tired [   ] : ～에 싫증나다
   be tired [   ] : ～로 피곤하다

(2) be made [   ] : (물리적 변화) ～로 만들어지다
   be made [   ] : (화학적 변화) ～로 만들어지다

(3) be known [   ] : ～에게 알려져 있다
   be known [   ] : ～로 알려져 있다/유명하다

[1~2] 다음 능동태 문장을 수동태 문장으로 바꿀 때 빈칸에 알맞은 말을 쓰시오.

1

My explanation satisfied him.
➡ He _____ my explanation.

2

Many people will read his poetry.
➡ His poetry _____ many people.

3 다음 문장 중 어법상 <u>어색한</u> 것은?

① The letters were writen by her.
② The dishes were washed by me.
③ The paper was cut by my sister.
④ I was given a book by my teacher.
⑤ I am interested in playing computer games.

4 다음 문장을 수동태로 <u>잘못</u> 고친 것은?

① The picnic excited me.
　➡ I was excited about the picnic.
② Few people read this magazine.
　➡ This magazine is read by few people.
③ My father's health worries me.
　➡ I am worried about my father's health.
④ My brother became a lawyer.
　➡ A lawyer was become by my brother.
⑤ Every student in my class likes Na-mi.
　➡ Na-mi is liked by every student in my class.

5 다음 대화의 빈칸에 알맞은 것은?

Mark: What's your favorite subject, Ben?
Ben: I like science most. Are you interested _____ science, Mark?
Mark: Yes, I am.

① by　　　② with　　　③ from
④ in　　　⑤ for

6 다음 문장의 빈칸에 알맞은 말을 각각 쓰시오.

ⓐ The necklace is made _____ pearls.
ⓑ The old book was covered _____ dust.

7 다음 문장을 능동태 문장으로 <u>잘못</u> 바꾼 것은?

① He is interested in English.
　➡ English interests him.
② By whom was this novel written?
　➡ Who was written this novel?
③ The problem can be solved by me.
　➡ I can solve the problem.
④ What was bought by you yesterday?
　➡ What did you buy yesterday?
⑤ His songs are loved by a lot of people.
　➡ A lot of people love his songs.

[8~9] 다음 우리말과 같도록 괄호 안의 단어를 이용하여 빈칸에 바르게 쓰시오.

8

우리 학교는 1980년에 설립되었다.
Our school _____ in 1980. (found)

9

> 나이 든 사람들은 존경을 받아야 한다.
> The old people _____.
> (should, respect)

10 다음 우리말과 같도록 괄호 안의 단어를 이용하여 수동태 문장으로 만드시오.

> A: Did the cat catch the mouse?
> B: No. (내 개가 그 쥐를 잡았어.)

➡ _____

  (my dog, catch, the mouse)

11 다음 글의 빈칸에 알맞은 것은?

> I have an e-pal named Hans. He is a Canadian. He lives in Toronto. During the last summer vacation, I visited my e-pal. I _____ to my e-pal's parents. I said "Nice to meet you."

① introduced   ② have introduced
③ was introduced   ④ will be introduced
⑤ have been introduced

12 다음 밑줄 친 부분의 쓰임이 올바른 것은?

① My heart is filled of joy.
② I am worried with his wound.
③ This street is crowded by tourists.
④ My parents was disappointed about me.
⑤ Our teacher was surprised at our gift.

13 다음 문장의 빈칸에 들어갈 말이 나머지와 다른 것은?

① Did you write this letter?
  ➡ Was this letter written _____ you?
② Who invented the telephone?
  ➡ _____ whom was the telephone invented?
③ My boss gave a chance to me.
  ➡ A chance was given to me _____ my boss.
④ Your answer interested me.
  ➡ I was interested _____ your answer.
⑤ His talent surprised me.
  ➡ I was surprised _____ his talent.

[14~17] 다음 표를 보고 문장을 완성하시오.

Millions of tourists	Taj Mahal
Alexandre Gustave Eiffel	Eiffel Tower
Ernest Hemingway	'The Old Man and The Sea'
Leonardo da Vinci	Mona Lisa

14 The Taj Mahal _____
_____ every year.
(visit)

15 The Eiffel Tower _____
_____.
(design and build)

16 'The Old Man and The Sea' _____
_____.
(write)

17 Mona Lisa _____
_____.
(draw)

아부의 유혹

What differentiates praise from flattery? Praise is sincere and comes from the bottom of one's heart, whereas flattery is insincere, and leaks out between one's teeth.

One day, a crow stole a piece of cheese and flew into the woods to eat it without (a) _____. Just at that time, a wandering fox looked up and saw the crow with a piece of cheese in her mouth. He said to himself, "Oh, that cheese smells good. I'm going to take it from her." The fox came close to the crow and began to talk to her. "Hello, crow! What a beautiful creature you are! I didn't recognize how beautiful you were before. By the way, I am sure that you have a beautiful voice too, don't you? If you do, it is no doubt that you should be called the queen of all birds. I really want to hear your beautiful voice. Could you sing a song for me?" The crow became happy from the words of the fox, so she opened her mouth to sing for him. As she did so, the piece of cheese fell down to the ground. Then (b) the fox swallowed the cheese swiftly in one motion, and disappeared quietly.

1 위 글의 빈칸 (a)에 알맞은 것은?

① disturbing　　　　② being disturbing　　　　③ be disturbed

④ being disturbed　　⑤ disturbed

2 위 글의 밑줄 친 (b)를 수동태 문장으로 고치시오.

➡ _____

A 보기와 같이 수동태를 이용하여 묻고 답하는 말하기 연습을 하세요. 연습이 한번 끝난 후 서로 역할을 바꿔 다시 말하기 연습을 하세요.

Leonardo da Vinci / invent / the light bulb / ?

➡ Thomas Edison

A: Did Leonardo da Vinci invent the light bulb?

Who invented it?

B: No, he didn't.

It was invented by Thomas Edison.

1

Van Gogh / build / the Eiffel Tower / ?

➡ Gustave Eiffel

2

Shakespeare / paint / the Mona Lisa / ?

➡ Leonardo da Vinci

 **B** 보기와 같이 수동태를 이용하여 묻고 답하는 말하기 연습을 하세요. 연습이 한번 끝난 후 서로 역할을 바꿔 다시 말하기 연습을 하세요.

the office / clean / Jason

No ➡ Katie

A: The office was cleaned by Jason.

B: No, it wasn't cleaned by Jason. It was cleaned by Katie.

1

the thief / catch / Kelly

No ➡ the police

2

the painting / draw / Peter

No ➡ Olivia

Chapter **6**

59

실전 서술형 평가 문제

출제의도 | 주어진 정보를 활용한 수동태 문장 만들기

평가내용 | 'be동사 + 과거분사'의 수동태 문장에 대한 이해

서술형 유형	8점
난이도	하

A 보기와 같이 주어진 질문에 대한 답을 수동태 문장으로 완성하시오.

보기

Q: Who delivered the mail?

A: The mail was delivered by the postman.

the postman

1

the police officer

Q: Who caught the escaped prisoner?

A: _____

2

Q: Who created the Korean alphabet?

A: _____

King Se-jong

3

Q: Who studies the solar system?

A: _____

scientists

4

Q: Who wrote *Romeo and Juliet*?

A: _____

Shakespeare

평가영역	채점기준	배점
유창성(Fluency) & 정확성(Accuracy)	4개의 문장을 모두 올바른 표현과 함께 정확하게 완성한 경우 (문법, 철자가 모두 정확한 경우)	4×2 = 8점
	수동태를 쓰지 못하였거나 문법, 철자가 1개씩 틀린 경우	문항 당 1점씩 감점
	내용과 전혀 일치하지 않거나 답을 기재하지 못한 경우	0점

출제의도 | 주어진 정보를 활용한 다양한 수동태 문장 만들기
평가내용 | 'be동사 + 과거분사'의 수동태 문장에 대한 이해

서술형 유형	12점
난이도	중하

B 다음 주어진 단어를 활용하여 능동태, 수동태, 수동태 의문문 문장을 각각 하나씩 만들어 보시오.

1
➡ _____ (능동태)
➡ _____ (수동태)
➡ _____ (수동태 의문문)

Thomas Sullivan /
invent / the tea bag

2
➡ _____ (능동태)
➡ _____ (수동태)
➡ _____ (수동태 의문문)

Edwin Binney and Harold Smith
/ invent / the crayons

3
➡ _____ (능동태)
➡ _____ (수동태)
➡ _____ (수동태 의문문)

German immigrants /
introduce / to the United States

4
➡ _____ (능동태)
➡ _____ (수동태)
➡ _____ (수동태 의문문)

Arthur Wynne / create /
the crossword puzzle

Chapter 6

평가영역	채점기준	배점
유창성(Fluency) & 정확성(Accuracy)	12개의 문장을 모두 올바른 표현과 함께 정확하게 완성한 경우 (문법, 철자가 모두 정확한 경우)	12×1 = 12점
	수동태를 쓰지 못하였거나 문법, 철자가 1개씩 틀린 경우	문항 당 1점씩 감점
	내용과 전혀 일치하지 않거나 답을 기재하지 못한 경우	0점

출제의도 | 주어진 정보를 활용한 수동태 문장 만들기

평가내용 | 조동사와 의문사가 있는 수동태/ 'by + 행위자'의 사용

서술형 유형	14점
난이도	중

C

보기와 같이 수동태 문장을 완성하시오. (단, 행위자가 불필요할 경우 생략할 것.)

보기 Someone must send this parcel immediately.

➡ This parcel must be sent immediately.

(someone = unnecessary)

1 When did someone invent the first computer?

➡ _____

2 The McDonald brothers opened the first McDonald's restaurant in California in 1949.

➡ _____

3 They don't allow cameras in the courtroom.

➡ _____

4 You can find cats in almost every part of the world.

➡ _____

5 Someone should wash these dirty dishes soon.

➡ _____

6 If the river floods, water could destroy the town.

➡ _____

7 Why did Peter clean the room?

➡ _____

평가영역	채점기준	배점
유창성(Fluency) & 정확성(Accuracy)	7개의 문장을 모두 올바른 표현과 함께 정확하게 완성한 경우 (문법, 철자가 모두 정확한 경우)	7×2 = 14점
	수동태를 만들지 못하였거나 문법, 철자가 1개씩 틀린 경우	문항 당 1점씩 감점
	내용과 전혀 일치하지 않거나 답을 기재하지 못한 경우	0점

Chapter 7
대명사

Unit 1 ● 부정대명사 one

Q: Do you like this red blouse?
이 빨간색 블라우스가 마음에 드세요?

A: No, I like this **one**.
아니오. 전 이게 마음에 듭니다.

1 부정대명사란 정해져 있지 않은 명사를 대신하여 쓰는 말이다. one은 앞에 나온 명사와 종류는 같지만 대상이 다른 경우에 명사의 반복을 피하기 위해 쓴다. 복수 명사를 대신할 경우 ones를 쓴다.

If you need **a dictionary**, I will lend you **one**. 사전이 필요하면 내가 빌려줄게.

I never wear **black sneakers**. I always wear white **ones**.
나는 절대 검정색 운동화를 신지 않는다. 나는 항상 하얀색 운동화를 신는다.

2 앞에서 언급한 바로 그것은 it을 쓴다. 앞에 나온 똑같은 사물(대상)을 가리킨다. 복수는 they, them을 쓴다.

I saw **girl's generation music video**. **It** was great. 나는 소녀시대 뮤직비디오를 봤다. 그것은 훌륭했다.

My dog gave birth to **two puppies** yesterday. I like **them** very much.
우리 개가 어제 강아지 두 마리를 낳았다. 나는 그 강아지들을 매우 좋아한다.

기본기 탄탄 다지기

1 다음 문장의 빈칸에 알맞은 것을 보기에서 골라 쓰시오.

one	it	ones	them

(1) My dog gave birth to three puppies yesterday.

I like _____ very much.

(2) I need a pen. Do you have _____?

(3) I don't like the white socks, but I like the black _____.

(4) My father bought a new car yesterday, and he let me use

_____.

give birth to ~를 낳다
puppy n. 강아지

▶일반적인 사람들을 가리키는 부정대
명사는 one, you, we를 쓴다. one은
격식을 갖춘 표현이라 일상 영어에서
는 you와 we를 많이 쓴다.

• **One** should save the environment.
누구나 환경을 보호해야 한다.

• **We** should follow the traffic rules.
우리는 교통 규칙을 따라야 한다.

• **You** should obey your parents.
여러분은 자신의 부모님께 순종해야
합니다.

Unit 2 • 부정대명사 some, any

Some of my friends are very pretty.
내 친구들 중 몇 명은 매우 예쁘게 생겼다.

I don't know **any** of them.
나는 그들 중 아무도 모른다.

1 some과 any는 정확한 개수와 양을 모를 때 사용한다. some은 주로 긍정문에 쓰고 '약간(의), 몇몇, 어떤 사람들'의 뜻이다. 상대방에게 부탁을 하거나 권유를 할 때 some을 의문문에 쓸 수 있다.

I need **some** money. Please lend me **some**. 내가 돈이 좀 필요한데. 좀 빌려줘.

Some of my friends can speak English. 내 친구들 중 몇몇은 영어를 말할 수 있다.

Would you like **some** coffee? 커피 좀 드시겠어요? (권유)

Could you give me **some** information? 제게 정보를 좀 주시겠어요? (부탁)

2 any는 주로 부정문과 의문문에 쓴다. 부정문에서는 '어떤~도'의 뜻이고, 의문문에서는 '약간'의 뜻이다.

I need **some** sugar. Do you have **any**? 설탕이 좀 필요한데. 있습니까?

I don't want **any** of these. 나는 이것들 중 어느 것도 원하지 않는다.

Do you have **any** friends in Seoul? 서울에 친구가 좀 있니?

Is there **any** convenience store there? 그곳에 편의점이 있니?

기본기 탄탄 다지기

1 다음 문장의 빈칸에 알맞은 것을 보기에서 골라 쓰시오.

some	any

(1) I've never seen _____ of these films.

(2) I'm going to buy _____ pens.

(3) You may have some cookies, but I don't want _____.

(4) Is there _____ orange juice in the fridge?

(5) I just made some coffee. Would you like _____?

(6) If there is _____ good news, let me know.

film n. 영화
fridge n. 냉장고(= refrigerator)
let sb know sb에게 알려주다

▶조건을 나타내는 부사절에는 any를 쓴다.
If you want to have **any** of these toys, you may have.

▶any가 긍정문에 쓰이면 '어떤(어느) ~라도'의 뜻이 된다.
You may read **any** of these books.
이 책들 중 어느 것이라도 읽어도 된다.

▶some, any가 명사 앞에서 명사를 꾸며줄 때 정확한 개수와 수를 알 수 없는 뜻을 가진 부정수량 형용사가 된다.
I have **some** milk.
Are there **any** flowers in the park?

Unit 3 • all, each, both

All the women are smiling.
모든 여자들이 웃고 있다.

Each country has its own customs.
각 나라에는 각기 특유한 풍습이 있다.

1 all은 '모두, ~모두'의 뜻으로 일반적인(총체적인) 것을 나타낼 때는 'all + 명사'를 쓰고 구체적이고 특정한 명사를 나타낼 때는 'all + the 명사'와 'all of + the 명사(대명사)'를 쓴다.

All Koreans like kimchi. 모든 한국인들은 김치를 좋아한다. ▶"Koreans" is general.

All of the Koreans that I know don't like Japan. 내가 아는 모든 한국인들은 모두 일본을 싫어한다. ▶"Koreans" is specific.
= **All the** Koreans that I know don't like Japan. ▶"Koreans" is also specific.

2 each는 '각자, 각기, 각각의'라는 뜻으로 항상 단수 취급하여 동사도 단수를 쓴다. 구체적(특정한)인 명사와 함께 쓸 경우 of를 쓴다. both는 '둘 다, 양쪽(의)'라는 뜻으로 항상 복수 취급하여 동사도 복수를 쓴다.

Each country has its own culture. 각 나라에는 각기 특유한 문화가 있다.

Each of the students has to wear a school uniform. 학생들 각자가 교복을 입어야 한다.

Both movies were good. 영화 둘 다 좋았다.
= **Both of the** movies were good.

기본기 탄탄 다지기

1 다음 문장의 빈칸에 each, all, both 중 알맞은 것을 쓰시오.

(1) I have two sons. _____ of them are middle school students.

(2) _____ of the boys is smart.

(3) There are three books on the desk. _____ of the books are mine.

2 다음 문장의 괄호 안에 알맞은 것을 고르시오.

(1) All of the students in this class [is / are] under 15 years old.

(2) Each of the girls [have / has] a pet.

(3) Both of the two brothers [get up / gets up] early.

▶'all the + 복수 명사'는 'every + 단수 명사'와 뜻이 같다. every는 항상 단수 취급하여 단수 동사를 쓴다.
All the **women** are smiling.
= Every **woman** is smiling.

▶each와 every는 같은 뜻이 아니다. every는 세 명(개) 이상의 '모든'의 뜻이지만 each는 2명(개) 이상 중의 '각각'의 뜻이다

▶특정한 명사, 구체적인 명사를 나타낼 때 전치사 of를 써서 All of, Each, of, Both of를 쓴다. 구체적인 명사라 함은 명사 앞에 the, this, that, these, those, my, your, his 등으로 한정되어 있는 명사를 말한다. 대명사를 쓸 경우에도 of를 쓴다.
All cars need wheels.
All of the cars in this shop are used ones.
I invited **all of them** to my birthday party.

서술형 기초 다지기 ❶

1 다음 문장의 빈칸에 알맞은 것끼리 짝지은 것은?

> • Do you have _____ friends abroad?
> • I need a pen. Can you lend me _____ ?

① some - one   ② any - one   ③ each - it

④ some - it   ⑤ any - it

2 다음 문장의 빈칸에 알맞은 것은?

> _____ of my parents are alive.

① All   ② Each   ③ Every

④ Both   ⑤ Any

3 다음 문장의 빈칸에 들어갈 말이 나머지와 <u>다른</u> 것은?

① What time is _____ now?

② I have a laptop computer. _____ is new.

③ I think that _____ is going to rain tonight.

④ My father bought me a pet. I like _____ .

⑤ I have many books to read. I will lend you _____ .

4 다음 문장 중 어법상 올바른 것은?

① All are ready.

② Each of the boys is honest.

③ Each students have their bikes.

④ Each of the sisters are beautiful.

⑤ These cookies are delicious. Would you like any?

[5~8] 다음 문장의 빈칸에 알맞은 것을 보기에서 골라 쓰시오.

one	ones	it	them	some	any

5 A: Are there _____ cookies?

B: Yes, there are _____ on the table.

6 A: Would you like _____ more coffee?

B: Yes, please.

7 A: Which shoes do you like?

B: I like the brown _____.

8 ⓐ John didn't take any pictures, but Julia took _____.

ⓑ The apples weren't very good, so I didn't buy _____.

9 다음 문장의 빈칸에 들어갈 말이 주어진 문장과 같은 것은?

Would you like to have _____ dessert?

① _____ of us is a student.

② Is there _____ juice in the fridge?

③ I need _____ money to buy the book.

④ _____ of the two boys are my students.

⑤ I bought some bread, but he didn't buy _____.

Oral Test

Challenge 1 부정대명사란 무엇일까?

[　　　　　　] 명사를 대신하여 쓰는 대명사를 말하며 one, some, any, each, all, both, other, another 등이 있다.

Challenge 2 부정대명사 one은 어떻게 쓸까?

부정대명사 one은 앞에 나온 [　　　　　]을 가리킬 경우에 사용하며 복수형은 [　　　　　]이다.

If you need a pen, I will lend you one. 만약 네가 펜이 필요하면 내가 너에게 하나를 빌려줄게.

Challenge 3 부정대명사 some, any는 어떻게 쓸까?

(1) 부정대명사 some

some은 [　　　　　]에서 쓰이며 뜻은 「약간, 몇 개/권/명」이다.

Some of these books are quite interesting. 이 책들 중 몇 권은 매우 재미있다.

(2) 부정대명사 any

any는 [　　　　　　　]에서 쓰이며 부정 평서문에서는 「아무도, 아무것도, 하나도」로 해석하며, 의문문, 조건문에서는 「약간, 누군가, 어느 것인가」로 해석한다.

Do you know any of the boys? 너는 그 소년들 중 누군가를 알고 있니?

Challenge 4 부정대명사 each, all, both는 어떻게 쓸까?

(1) 부정대명사 each는 [　　　　　](으)로 해석하며, 주어로 쓰일 경우 [　　　　　] 취급한다.

Each of us has our own opinion. 우리는 각자 자기 의견을 가지고 있다.

(2) 부정대명사 both는 [　　　　　](으)로 해석하며, 주어로 쓰일 경우 [　　　　　] 취급한다.

Both of us go to the same school. 우리 둘 다 같은 학교에 다닌다.

(3) 부정대명사 all은 [　　　　　](으)로 해석하며, 뒤에 나오는 명사에 따라 단·복수가 결정된다.

All of us have to attend the meeting. 우리 모두는 회의에 참석해야 한다.

Unit 4 ● one, another, the other

I have two scarves.
나는 2개의 스카프를 갖고 있다.

One is black and **the other** is blue.
하나는 검정색이고 다른 하나는 파란색이다.

1 두 개의 명사를 순서 없이 가리킬 때(둘 중의) 하나는 one을 쓰고, 나머지 다른 하나는 the other를 쓴다. 정관사 the는 정해진 명사를 가리킨다.

I met two friends at the library. 나는 도서관에서 친구 두 명을 만났다.

One was Peter and **the other** was Olivia. 한 명은 Peter이고 다른 한 명은 Olivia였다.

2 3개의 명사를 순서 없이 가리킬 때 첫 번째는 one, 두 번째는 another, 마지막 세 번째는 the other를 쓴다.

She has three sons. 그녀는 아들이 세 명 있다.

One is a doctor, **another** is a lawyer, and **the other** is a teacher.
한 명은 의사이고, 다른 한 명은 변호사이며, 나머지 한 명은 선생님이다.

기본기 탄탄 다지기

1 다음 그림을 보고 빈칸에 알맞은 말을 쓰시오.

(1) I have two pens. _____ is white, and _____ is black.

(2) I have three dogs. _____ is white, _____ is black, and _____ is gray.

▶another는 '또 하나'의 의미로 단수 명사를 수식하는 형용사나 대명사로 쓴다.
 • These biscuits are really nice. Can I have **another**?
 • She's going to read **another** book.

▶the other는 정해져 있는 단수 명사를 수식하는 형용사나 대명사로 쓴다.
There are two dictionaries. Tom is using one dictionary.
Lisa is using the other dictionary.
= Lisa is using **the other**.

Unit 5 ● some, the others, others

I invited five friends to the party. Beth and Brian came, but **the others** didn't.
나는 파티에 다섯 명의 친구들을 초대했다. Beth와 Brian은 왔지만 다른 나머지 친구들은 오지 않았다.

1 정해져 있는 수에서 하나를 가리킬 때는 one, 몇몇을 가리킬 때는 some, 그리고 나머지 전부는 the others를 쓴다. 정관사 the는 남아있는 정해진 명사를 가리킨다.

I have four hats. **One** is white, and **the others** are yellow.
나는 모자 4개를 가지고 있다. 하나는 하얀색이고 나머지는 모두 노란색이다.

There are 20 students in our class. **Some** study Japanese, and **the others** study Chinese.
우리 반에는 20명의 학생이 있다. 몇 명은 일본어를 공부하고 나머지는 모두 중국어를 공부한다.

2 정해져 있지 않은 불특정 다수 중에 몇몇은 some, 다른 사람(것)들은 others를 쓴다. 정해진 나머지 명사가 아니므로 정관사 the를 쓰지 않는다.

Some sports are team sports like soccer. **Others**, like tennis, are not team sports.
축구와 같은 몇몇 스포츠는 팀 스포츠이다. 테니스와 같은 다른 것들은 팀 스포츠가 아니다.

Chapter 7

기본기 탄탄 다지기

1 다음 그림을 보고 빈칸에 알맞은 말을 쓰시오.

(1)
There are ten balls in the basket.
One is a basketball, and _____ are baseballs.

(2)
There are twenty flowers in the vase.
_____ are lilies, and _____ are roses.

(3)
There are many people in Seoul.
_____ want to live in the country, but _____ want to keep living in Seoul.

2 다음 문장을 우리말로 바르게 해석하시오.

(1) The two brothers helped each other. _____

(2) All of us encouraged one another. _____

▶other는 복수 명사를 수식하는 형용사로 쓴다. 대명사는 복수형인 others만 쓴다.
There are many kinds of animals in the zoo. The zebra is a kind. **Other animals(= Others)** are monkeys, dolphins, and elephants.

▶the others는 정해져 있는 복수 명사를 수식하는 형용사나 대명사로 쓴다.
There are four colors in the Korean flag. One of them is black.
The other colors are red, blue, and white.
= **The others** are red, blue, and white.

▶each other와 one another는 둘 다 '서로(서로)'의 뜻이다. 보통 each other는 둘 사이, one another는 셋 이상일 때 쓴다고 하지만 현대 영어에서는 두 명이든, 셋 이상이든 each other를 자주 쓴다.

1 다음 문장의 빈칸에 알맞은 말을 보기에서 골라 쓰시오.

vase n. 꽃 병
sunflower n. 해바라기
lily n. 백합
Buddhist temple 절

one	another	others	the other	the others	some

(1) I have two daughters.

_____ is pretty, and _____ is cute.

(한 명은 예쁘고, 다른 한 명은 귀엽다.)

(2) Judy has three brothers.

_____ is five years old, _____ is 7 years old, and
_____ is ten years old.

(한 명은 5살이고, 또 다른 한 명은 7살이며, 나머지 한 명은 10살이다.)

(3) I bought ten pens.

_____ are black, and _____ are red.

(몇 개는 검정색이고, 나머지는 빨간색이다.)

(4) There are twenty flowers in the vase.

_____ is a sunflower, and _____ is a lily, and
_____ are roses.

(하나는 해바라기이고 다른 하나는 백합이며 나머지는 장미이다.)

(5) _____ go to church, and _____ go to Buddhist temple.

(어떤 사람들은 교회에 다니고, 어떤 사람들은 절에 다닌다.)

(6) I like to help _____.

(나는 다른 사람들 돕기를 좋아한다.)

(7) I don't like this cap. Show me _____.

(나는 이 모자가 마음에 들지 않아요. 다른 것을 보여주세요.)

2 다음 우리말과 같도록 빈칸에 알맞은 말을 쓰시오.

(1) Mikey와 Ray는 서로 이야기하면서 벤치에 앉아 있다.

Mikey and Ray are sitting down talking to _____ _____.

(2) 그 소년들 모두가 서로 쳐다보았다.

All the boys looked at _____ _____.

서술형 기초 다지기 ❷

[1~2] 다음 글의 빈칸에 알맞은 것끼리 짝지은 것을 고르시오.

1

There are many people in the park.
_____ are playing badminton, and _____ are taking a rest under the trees.

① Some - another   ② Others - others   ③ Some - others

④ Some - the others   ⑤ Another - others

2

I have four puppies.
_____ is white, and _____ are black.

① One - another   ② One - others   ③ One - the others

④ Some - the others   ⑤ Some - others

[3~4] 다음 글의 빈칸에 알맞은 것을 고르시오.

3

I have three sisters.
One lives in Seoul, and _____ live in Daejeon.

① two   ② another   ③ the other

④ others   ⑤ the others

4

I have two apples.
I will give one to my brother, and _____ to my sister.

① two   ② second   ③ another

④ the other   ⑤ the others

[5~7] 다음 우리말과 같도록 빈칸에 알맞은 말을 쓰시오.

5　I have two digital cameras.

　　_____ is home-made, and _____ is foreign-made.

　　(하나는 국산이고 다른 하나는 외제이다.)

6　I have five pens.

　　_____ is blue, _____ is red, and _____ are black.

　　(하나는 파란색이고, 다른 하나는 빨간색이며, 나머지는 검정색이다.)

7　I don't like this shirt. Can you show me _____, please?

　　(이 셔츠가 마음에 안 듭니다. 다른 것을 보여 주시겠습니까?)

8　다음 문장 중 어법상 어색한 것은?

　① Would you like another cup of tea?

　② There are four people.
　　One is a man, and the others are women.

　③ I have two books.
　　One is about science, and the other is about English.

　④ There are many people in London.
　　Some are Asians, and the others are Europeans.

　⑤ I have three dictionaries.
　　One is an English-English dictionary, another is an English-Korean dictionary, and the other is a Korean-English dictionary.

Oral Test

Challenge 1 둘을 표현하는 부정대명사는?

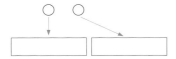

Challenge 2 셋을 표현하는 부정대명사는?

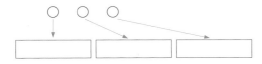

Challenge 3 여러 개를 표현하는 부정대명사는?

(1)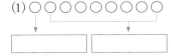

(2)

Challenge 4 불특정 다수를 표현하는 부정대명사는?

Challenge 5 each other와 one another

둘 다 「   」의 뜻으로, each other는 둘 사이에서 「서로」를 의미하고, one another는 셋 이상 「서로」를 의미하지만, 현대 영어에서는 둘 사이든, 셋 이상이든 관계없이 each other를 자주 쓴다.

Preview

Sarah is looking at **herself** in the mirror.
Sarah는 거울 속의 그녀 자신을 보고 있다.

He said to **himself**. "I am unhappy."
그는 스스로에게 자신은 불행하다고 말했다.

① 재귀대명사는 '~자신(들)'이라는 의미로 주어의 동작이나 행위가 자기 자신에게 다시 옮겨 가는 경우를 말한다. 재귀대명사는 동사나 전치사의 목적어로 쓴다.

They felt proud of **themselves**. 그들은 스스로를 자랑스럽게 느꼈다.

She killed **herself** last night. 그녀는 어젯밤에 자살했다.

	단수		복수	
	주격	재귀대명사	주격	재귀대명사
1인칭	I	**myself**	we	**ourselves**
2인칭	you	**yourself**	you	**yourselves**
3인칭	he	**himself**	they	**themselves**
	she	**herself**		
	it	**itself**		

기본기 탄탄 다지기

1 다음 우리말과 같도록 괄호 안에서 알맞은 것을 고르시오.

(1) 나는 나 자신에게 "나는 할 수 있다."라고 말했다.
I said to [me / myself], "I can do it."

(2) 그 배우는 자살했다.
The actor killed [him / himself].

(3) 그 여배우는 그녀를 사랑했다. (그 여배우 ≠ 그녀)
The actress loved [her / herself].

(4) 그 남자는 자신을 비난했다.
He blamed [him / himself].

actress n. 여배우
blame v. 비난하다

Unit 7 ● 재귀대명사의 강조 용법

I saw the ghost **myself**.
내가 직접 그 귀신을 봤다.
We **ourselves** made the cookies.
우리는 우리 자신이 직접 쿠키를 만들었다.

1 재귀대명사가 주어, 목적어, 보어를 강조할 수 있다. 강조하고자 하는 (대)명사 바로 뒤, 또는 문장의 끝에 쓴다. 강조하기 위해 사용된 것이므로 생략해도 문장에 영향을 끼치지 않고 당연히 강조의 의미도 없어진다.

We built the house **ourselves**. 우리가 직접 그 집을 지었다.
I **myself** sent an e-mail to her. 내가 직접 그녀에게 이메일을 보냈다.
You should do it **yourself**. 네가 직접 그것을 해야 한다.

기본기 탄탄 다지기

1 다음 문장의 밑줄 친 재귀대명사의 용법을 보기에서 골라 그 번호를 쓰시오.

ⓐ 강조 용법	ⓑ 재귀 용법

(1) Did you enjoy yourself at the party? (　　)

(2) I repaired my computer myself. (　　)

(3) Ken feels proud of himself. (　　)

(4) The movie itself is not very good. I like the OST of the movie.
(　　)

feel proud of ~을 자랑스럽게 느
끼다
OST 오리지널 사운드 트랙(original
sound track)

▶재귀적 용법은 Unit 6.에서 배운 것
과 같이 재귀대명사가 동사나 전치사
의 목적어로 쓰이는 것을 말한다. 재
귀적 용법으로 쓰인 재귀대명사는 문
장의 주요 성분이 되므로 생략해서 쓸
수 없다.

Preview

Help yourself to the bulgogi.
불고기를 마음껏 드세요.
The plan doesn't have any problem **in itself**.
그 계획은 본래 그 자체로는 문제가 없다.

(1) 재귀대명사의 관용 표현들은 하나의 숙어처럼 암기해 두는 것이 좋다.

by oneself 혼자서, 홀로	for oneself 혼자 힘으로, 스스로
in itself 본래, 본질적으로	of itself 저절로
beside oneself 제정신이 아닌, 미친	between ourselves 우리끼리 얘긴데
help oneself to 마음껏 먹다	make oneself at home 편히 쉬다, 편히 지내다
teach oneself 독학하다	talk to oneself 혼잣말을 하다

We were surprised because the door opened **of itself**. 우리는 문이 저절로 열려서 놀랐다.

She lives **by herself**. 그녀는 혼자서 산다.

The boy sometimes **talks to himself**. 그 소년은 가끔 혼잣말을 한다.

Please **make yourself at home**. 편히 쉬세요.

기본기 탄탄 다지기

1 다음 밑줄 친 부분에 유의하여 문장을 우리말로 해석하시오.

(1) I enjoyed myself at the party.

_____

(2) Help yourself to these cookies.

_____

(3) Jenny lives by herself.

_____

(4) Mr. Jason always talks to himself like he's talking to someone.

_____

서술형 기초 다지기 ③

1 다음 글의 밑줄 친 부분 중 어법상 어색한 곳은?

> My friends and I visited ① an orphanage and ② spent time with the children.
> We feel ③ tired now, but we ④ feel proud of ⑤ us.

2 다음 문장의 빈칸에 알맞지 않은 것은?

> He did the work _____.

① for himself   ② of himself   ③ by himself

④ himself   ⑤ alone

3 다음 문장의 빈칸에 알맞은 것끼리 바르게 짝지은 것은?

> • I cut _____ while I was cooking this morning.
> • Chang-min and Min-seok enjoyed _____ at the concert.

① myself - themself   ② me - them   ③ myself - them

④ me - themselves   ⑤ myself - themselves

4 다음 문장의 밑줄 친 부분 중 생략할 수 있는 것은?

① I'll pay for <u>myself</u>.

② I will meet him <u>myself</u>.

③ You shouldn't blame <u>yourself</u>.

④ She began to talk about <u>herself</u>.

⑤ I have to solve the problem for <u>myself</u>.

5 다음 두 문장의 의미가 같도록 빈칸에 알맞은 말을 쓰시오.

I had a good time talking to you.

= I _____ _____ talking to you.

6 다음 중 밑줄 친 부분의 쓰임이 나머지와 다른 것은?

① I cooked it for <u>myself</u>.

② The boy lives by <u>himself</u>.

③ Help <u>yourself</u> to this food.

④ I unlocked the door <u>myself</u>.

⑤ Let me introduce <u>myself</u> to you.

7 다음 밑줄 친 부분의 해석이 잘못된 것은?

① I cooked this food <u>for myself</u>. 「혼자서」

② My grandmother lives <u>by herself</u>. 「홀로」

③ She was <u>beside herself</u> with joy. 「그녀 옆에」

④ He is walking <u>talking to himself</u>. 「혼잣말을 하면서」

⑤ He <u>enjoyed himself</u> at the wedding reception. 「즐겁게 보냈다」

8 다음 문장 중 어법상 어색한 것은?

① I was ashamed of myself.

② They made this plane themselves.

③ You have to take care of yourself.

④ Did you enjoy yourself without me?

⑤ I said to my son's friends, "Help yourself to the food in the fridge."

9 다음 우리말과 같도록 빈칸에 알맞은 말을 쓰시오.

Lisa는 요리를 하다가 화상을 입었다.

= Lisa _____ _____ while cooking.

Challenge 1 재귀대명사에는 어떤 것이 있을까?

(1) 1인칭

주격 인칭대명사	I (단수)	we (복수)
재귀대명사		

(2) 2인칭

주격 인칭대명사	you (단수)	you (복수)
재귀대명사		

(3) 3인칭

주격 인칭대명사	he	she	they	it
재귀대명사				

Challenge 2 재귀대명사는 어떻게 쓰일까?

(1) [   ] 용법: 주어나 목적어를 강조할 경우에 쓰며 문장 뒤나 강조하고자 하는 명사 뒤에 쓴다.

I myself sent an e-mail to her. 내가 직접 그녀에게 이메일을 보냈다.

(2) [   ] 용법: 문장에서 타동사나 전치사의 목적어로 주어 자신을 나타낼 경우에 쓴다.

He saw **himself** in the mirror. (He = himself) 그는 거울 속에 자신을 보았다.

He saw **him** in the mirror. (He ≠ him) 그는 거울 속의 그를 보았다.

Challenge 3 관용적으로 쓰이는 재귀대명사는 어떤 것이 있을까?

(1) enjoy oneself: [   ]

(2) help oneself (to + 음식) : [   ]

(3) by oneself: [   ] (= alone)

(4) for oneself: [   ] (= without other's help)

(5) talk to oneself: [   ]

(6) make oneself at home: [   ]

1 다음 짝지어진 두 단어의 관계가 <u>잘못된</u> 것은?

① I - myself   ② you - yourself

③ he - himself   ④ we - ourself

⑤ she - herself

2 다음 문장 중 어법상 어색한 것은?

① I myself made this cake.

② I didn't buy anything there.

③ Is there any milk in the fridge?

④ Each of the students have their bike.

⑤ If you have any money, lend me some.

3 다음 문장 중 올바른 것은?

① I bought 3 pens. You can use ones.

② You may have some of these apples.

③ I lost my shoes, so I have to buy one.

④ If some of you know the truth, tell me.

⑤ I don't have pens. Can you lend me it?

[4~5] 다음 우리말과 같도록 할 때 빈칸에 알맞은 것끼리 짝지은 것을 고르시오.

4
• Make   at home here.
(너희들, 여기서 편하게 지내.)

• We need to believe in   .
(우리는 우리 자신을 믿어야 한다.)

① yourselves - ourselves

② you - us

③ yourself - ourselves

④ you - ourselves

⑤ yourself - us

5
I have four caps.
     is red, and   are white.

① One - another

② The first - the others

③ The first - three

④ One - others

⑤ One - the others

6 다음 문장 중 어법상 어색한 곳은?

① Each ② parents ③ worries ④ about ⑤ children.

[7~9] 다음 대화를 읽고 물음에 답하시오.

A: ① Let me show you a nice sports car.

B: You mean the red   ⓐ ?

A: That's right. ② People really love riding this car. ③ It's fast and fun, and it's got a really great stereo system. ⓑ You'll have a great time at the beach with this car.

B: Well, ④ I am going to the beach, but I'm taking my wife and my kids with me. ⑤ Do you have something bigger, and, you know, safer? Like a minivan?

A: Sure. There's   ⓐ   right behind you.

7 위 대화의 빈칸 ⓐ에 알맞은 대명사를 쓰시오.

➡ _____

8 위 대화의 밑줄 친 ⓑ와 의미가 같도록 빈칸에 알맞은 말을 쓰시오.

= You will _____ _____.

9 위 대화의 밑줄 친 ①~⑤ 중 어법상 어색한 것은?

10 다음 문장의 밑줄 친 부분의 쓰임이 나머지와 다른 것은?

① I burnt myself while cooking.
② She herself drew the picture.
③ You should take care of yourselves.
④ I taught myself how to read and write.
⑤ My dog looked at itself in the mirror.

[11~12] 다음 글의 빈칸에 알맞은 대명사를 쓰시오.

11

There are three flowers in the vase. _____ is a rose, _____ is a tulip, and _____ is a sunflower.

12

A: Which gloves do you like?
B: I like the black _____.

13 다음 문장의 빈칸에 들어갈 말이 나머지와 다른 것은?

① The three boys helped one _____.
② I don't like this tie. Show me _____.
③ Would you like _____ hamburger?
④ There are two girls under the tree. One is prettier than _____.
⑤ I have three brothers. One is a teacher, _____ is a soldier, and the other is a lawyer.

14 다음 문장 중 어법상 어색한 것은? (2개)

① Each of the students is diligent.
② This cup is dirty. Can you give me a clean one?
③ All my parents can speak English fluently.
④ I bought ten flowers. Some are roses, and the others are tulips.
⑤ There are five pens in my pencil case. One is red, another is pink, and others are black.

15 다음 두 문장의 의미가 같도록 빈칸에 알맞은 말을 쓰시오.

My son figured out all the puzzles without other's help.
= My son figured out all the puzzles _____ _____.

[16~17] 다음 글을 읽고 물음에 답하시오.

There are two foreign friends in my class. ⓐ _____ is from England, and ⓑ _____ is from Canada. ⓒ All / Both of them can speak English very well. And also they are outgoing. We ⓓ all / both like them.

16 위 글의 빈칸 ⓐ와 ⓑ에 알맞은 말을 쓰시오.

ⓐ _____ ⓑ _____

17 위 글의 ⓒ와 ⓓ의 네모 안에서 각각 올바른 것을 고르시오.

ⓒ _____ ⓓ _____

Grammar in Reading

금보다 더 소중한 가치

It was the time of reign of King Gongmin from Goryeo Dynasty. There were two brothers who loved each other and lived a simple farming life on a small farmland. One day, the little brother picked up two *lumps of gold on the road they were walking on. The little brother took (a)_____ and gave (b)_____ to his older brother. After a while they came to a river and got on a ferryboat to cross the river. But when they reached the middle of the river, suddenly ① the little brother threw his gold into the river. Perplexed, the older brother asked his brother why he had thrown away the gold. His brother replied, "Before ② I found the gold, I cared for ③ you and only had positive thoughts about you, but after finding the gold and giving you the other I became greedy and wanted the gold piece ④ I had given you and there started in my heart a feeling of hatred toward you. So I threw my gold into the river." Then, coming to realize his brother's heart, he held his brother's hands firmly and said, "⑤ You are right. Our relationship is much more important than gold." And he threw his gold into the river, too.

lump 덩어리

1 위 글의 빈칸 (a)와 (b)에 알맞은 말을 쓰시오.

(a) _____   (b) _____

2 위 글의 밑줄 친 ①~⑤ 중 가리키는 것이 나머지와 <u>다른</u> 것은?

A 보기와 같이 부정대명사 one/ones를 이용하여 묻고 답하는 말하기 연습을 하세요. 연습이 한번 끝난 후 서로 역할을 바꿔 다시 말하기 연습을 하세요.

 T-shirt / ?
➡ green one

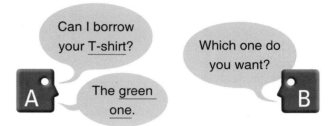

1 Jacket / ?
➡ blue one

2 sunglasses / ?
➡ red ones

 B 보기와 같이 부정대명사를 이용하여 묻고 답하는 말하기 연습을 하세요. 연습이 한번 끝난 후 서로 역할을 바꿔 다시 말하기 연습을 하세요.

 students / be wearing hats / ?
➡ all of

1 students / be wearing jeans / ?
➡ all of

2  men / be sitting
➡ some of

실전 서술형 평가 문제

출제의도 | 부정대명사를 사용한 문장을 이해하고 활용하기
평가내용 | 부정대명사 all의 쓰임 익히기

서술형 유형	8점
난이도	하

A 보기와 같이 주어진 문장을 'all (of) the ~'를 이용한 문장으로 바꿔 쓰시오.

보기 Every room has a balcony.

➡ All (of) the rooms have a balcony.

1 Every guest in this hotel is from my country.
➡ _____

2 Every waiter speaks excellent English.
➡ _____

3 Every cook wears a uniform.
➡ _____

4 Every tourist has a travel guide.
➡ _____

5 Every room has a bathroom.
➡ _____

6 Every meal includes dessert.
➡ _____

7 Every menu has a picture of the hotel.
➡ _____

8 Every ballroom has a chandelier.
➡ _____

평가영역	채점기준	배점
유창성(Fluency) & 정확성(Accuracy)	8개의 문장을 모두 올바른 표현과 함께 정확하게 완성한 경우 (문법, 철자가 모두 정확한 경우)	8×1 = 8점
	부정대명사를 쓰지 못하였거나 문법, 철자가 1개씩 틀린 경우	문항 당 1점씩 감점
	내용과 전혀 일치하지 않거나 답을 기재하지 못한 경우	0점

실전 서술형 평가 문제

출제의도 | 부정대명사의 이해
평가내용 | 올바른 부정대명사 활용

서술형 유형	9점
난이도	중상

B 보기와 같이 부정대명사 one, another, the other, the others, some, other를 이용하여 문장을 완성하시오.

 사진 속에 두 명의 소녀가 있다. 한 명은 Fiona이다. 나머지 다른 한 명은 Olivia이다.
(Fiona / Olivia)

➡ There are two girls in the picture. <u>One is Fiona. The other is Olivia.</u>

1 태극기에는 네 가지 색이 있다. 그 중 하나가 하얀색이다. 다른 것들은 빨간색, 파란색, 그리고 검은색이다.
(red, blue, black)

➡ There are four colors in the Korean flag. One of them is white.

_____

2 교실에 15명의 학생들이 있다. 몇몇은 서있고, 나머지 모든 학생들은 바닥에 앉아 있다.
(be standing / be sitting on the floor)

➡ There are fifteen students in the classroom.

_____

3 나는 세 명의 언니가 있다. 한 명은 부산에 살고, 다른 한 명은 런던에 살고, 그리고 나머지 한 명은 서울에 산다.
(live in Busan / live in London / live in Seoul)

➡ I have three sisters.

_____

평가영역	채점기준	배점
유창성(Fluency) & 정확성(Accuracy)	3개의 문장을 모두 올바른 표현과 함께 정확하게 완성한 경우 (문법, 철자가 모두 정확한 경우)	3×3 = 9점
	부정대명사를 쓰지 못하였거나 문법, 철자가 1개씩 틀린 경우	문항 당 1점씩 감점
	내용과 전혀 일치하지 않거나 답을 기재하지 못한 경우	0점

Chapter 7

출제의도 | 실생활에서 재귀대명사의 쓰임과 이해
평가내용 | 올바른 재귀대명사 활용

서술형 유형	16점
난이도	중

C 여러분의 가족에 대해 완전한 문장을 써 보시오. 주어진 표현을 이용하여 재귀대명사의 강조 용법이 되도록 문장을 구성하시오.

보기 wash (one's) car
➡ My parents wash their car themselves.

[Answers will vary.]

1 choose (one's) clothes ➡ _____

2 do the laundry ➡ _____

3 make (one's) bed ➡ _____

4 cook the meals ➡ _____

5 make (one's) clothes ➡ _____

6 fix (one's) computer ➡ _____

7 paint the house ➡ _____

8 clean the rooms ➡ _____

평가영역	채점기준	배점
유창성(Fluency) & 정확성(Accuracy)	8개의 문장을 모두 올바른 표현과 함께 정확하게 완성한 경우 (문법, 철자가 모두 정확한 경우)	8×2 = 16점
	재귀대명사를 쓰지 못하였거나 문법, 철자가 1개씩 틀린 경우	문항 당 1점씩 감점
	내용과 전혀 일치하지 않거나 답을 기재하지 못한 경우	0점

Chapter 8
형용사, 부사의 비교

Unit 1 ● 비교급과 최상급

The soccer ball is **bigger than** the baseball.
축구공이 야구공보다 더 크다.
The Nile is **the longest** river in the world.
나일강은 세계에서 가장 긴 강이다.

1 두 사람 또는 두 개의 대상을 놓고 서로 비교하는 말을 '비교급'이라고 한다. 형용사나 부사 끝에 보통 –er을 붙여 우리말 '더'라는 말을 만들고 than은 '~보다'라는 뜻을 나타낸다. than 뒤에 비교 대상을 주격 대명사로 쓰면 너무 형식을 갖춘 글이 되어 일상 영어에서는 거의 목적격으로 쓴다.

I am **stronger than** you. 나는 너보다 힘이 더 세다.
China is **larger than** America. 중국은 미국보다 더 넓다.
My sister was happier than **I** (was). 내 언니가 나보다 더 행복했다.
➡ My sister was happier than **me**. (natural)

2 최상급은 형용사나 부사 끝에 보통 –est를 붙여 셋 이상의 사람이나 사물을 비교한다.

I am **the prettiest** girl **in** the world. 나는 세상에서 가장 예쁜 소녀이다.
February is **the shortest** month **of** the year. 2월은 일 년 중 가장 짧은 달이다.
Samson was **the strongest** man **who** ever lived. Samson은 지금까지 살았던 사람 중 가장 힘이 센 사람이다.

기본기 탄탄 다지기

1 다음 문장의 밑줄 친 부분을 비교급이나 최상급으로 고치시오.

(1) This car is expensive than that one. ➡ _____

(2) This book is cheap than that one. ➡ _____

(3) I am patient than him. ➡ _____

(4) Drive slowly, please. ➡ _____

(5) This morning I got up early than yesterday. ➡ _____

(6) I am the happy man in the world. ➡ _____

(7) This is sad movie that I've ever seen. ➡ _____

(8) Busan is large than Kwang-ju. ➡ _____

(9) Ice in Antarctica is melting quickly than people thought.
　　➡ _____

(10) Who do you think is pretty, Amanda or Julie? ➡ _____

---

patient a. 참을성 있는
Antarctica n. 남극 대륙

▶비교급 · 최상급 만드는 방법
1. 대부분 –er, –est
old – older – oldest
2. –e로 끝나는 단어 –r, –st
large – larger – largest
3. y로 끝나면 –y를 –i로 바꾸고 –er, –est
easy – easier – easiest
4. '단모음 + 단모음'으로 끝날 때 맨 끝에 자음 한 번 더 쓰고 –er, –est
hot – hotter – hottest
5. 2음절 이상의 형용사 앞에 more, most
more/most difficult
6. –ly로 끝나는 부사 앞에도 more, most
more/most quickly

Unit 2 • 불규칙 변화형

Preview

The food was bad, and the service was **worse**.
음식은 형편없었고, 서비스는 더 나빴다.

You are the **best** in this field.
이 분야에서 네가 최고야.

① 비교급 최상급의 불규칙 변화

원급	비교급	최상급
good 좋은	better 더 좋은	the best 가장 좋은
well 잘	better 더 잘	(the) best 가장 잘하는
bad 나쁜	worse 더 나쁜	the worst 가장 나쁜
ill 병든, 건강이 나쁜	worse 더 병든, 더 건강이 나쁜	the worst 가장 건강이 나쁜
many (수) / much (양) 많은	more 더 많은	the most 가장 많은
few (수) 적은	fewer 더 적은	the fewest 가장 적은
little (양) 적은	less 더 적은	the least 가장 적은

This computer is **better** than that one. 이 컴퓨터가 저 컴퓨터보다 더 좋다.

Please visit our website for **further** information. 더 자세한 정보를 원하시면 우리 웹사이트를 방문해 주세요.

Ivy is interested in the **latest** fashion. Ivy는 최신 패션에 관심이 있다.

The **latter** part of the movie was very boring. 그 영화의 후반부는 매우 지루했다.

기본기 탄탄 다지기

1 다음 우리말과 같도록 빈칸에 알맞은 말을 쓰시오.

(1) 너는 채소를 더 많이 먹고 고기를 덜 먹는 것이 좋겠다.
You should eat more vegetables and _____ meat.

(2) 그 상처는 내가 생각했던 것 보다 더 심했다.
The wound was _____ than I thought.

(3) 그 경기의 후반부는 지루했다.
The _____ part of the game was boring.

▶불규칙 변화에 대해 더 알아보자!
old
older(나이) – the oldest 가장 나이가 많은
elder(서열)– the eldest 가장 손위의
late
later(시간) – the latest 최근의
latter(순서) – the last 마지막의
far
farther(거리) – the farthest 거리가 가장 먼
further(정도) – the furthest 정도가 가장 많이

▶최상급에는 정관사 the를 붙이는 것이 좋으나 일상 영어에서는 형용사나 부사의 최상급이라도 the를 쓰지 않을 때도 있다.

1 다음 주어진 단어의 비교급과 최상급을 쓰시오.

hard a. 굳은, 어려운
thick a. 두꺼운
fluently ad. 유창하게

원급	비교급	최상급
(1) high	- _____	- _____
(2) low	- _____	- _____
(3) nice	- _____	- _____
(4) difficult	- _____	- _____
(5) small	- _____	- _____
(6) hard	- _____	- _____
(7) soft	- _____	- _____
(8) thick	- _____	- _____
(9) thin	- _____	- _____
(10) tall	- _____	- _____
(11) short	- _____	- _____
(12) safe	- _____	- _____
(13) fast	- _____	- _____
(14) fat	- _____	- _____
(15) fluently	- _____	- _____
(16) busy	- _____	- _____
(17) easily	- _____	- _____
(18) lazy	- _____	- _____
(19) heavy	- _____	- _____
(20) important	- _____	- _____

2 다음 문장의 빈칸에 괄호 안 단어의 비교급을 쓰시오.

(1) This pen is _____ than that one. (good)

(2) The food was bad, and the service was _____. (bad)

(3) I eat _____ fast food. (little)

(4) Would you like some _____ salad? (much)

[1~2] 다음 주어진 단어의 원급–비교급–최상급의 관계가 바르지 <u>않은</u> 것을 고르시오.

1 ① busy - busier - busiest

   ② thin - thiner - thinest

   ③ strong - stronger - strongest

   ④ handsome - more handsome - most handsome

   ⑤ exciting - more exciting - most exciting

2 ① great - greater - greatest

   ② pretty - prettier - prettiest

   ③ early - more early - most early

   ④ slowly - more slowly - most slowly

   ⑤ bravely - more bravely - most bravely

3 다음 우리말과 같도록 할 때 빈칸에 알맞은 것은?

   너는 그것을 나중에 해도 된다.
   You may do it _____.

   ① late   ② more late   ③ later
   ④ latter   ⑤ last

4 다음 문장의 밑줄 친 부분 중 어법상 <u>어색한</u> 것은?

   I think ① that this camera ② is ③ gooder than ④ that ⑤ one.

5 다음 문장 중 어법상 <u>어색한</u> 것은?

   ① It's hotter than yesterday.

   ② My car is bigger than yours.

   ③ He is best soccer player in Korea.

   ④ Nothing was more important to me than baseball.

   ⑤ This bed is more comfortable than that one.

Chapter 8

6 다음 우리말과 같도록 빈칸에 알맞은 말을 쓰시오.

벌새는 세상에서 가장 작은 새다.

A humming bird is _____ bird in the world.

7 다음 문장의 밑줄 친 부분 중 어법상 어색한 것은?

① I know him <u>better</u> than you.

② I have <u>more</u> pens than you.

③ My older brother is <u>elder</u> than you.

④ This dictionary is <u>worse</u> than that one.

⑤ I need <u>more</u> money to buy the house.

8 다음 우리말과 같도록 할 때 빈칸에 알맞은 것끼리 짝지은 것은?

I know nothing _____ about it. (나는 그것에 대해서는 이 이상 모릅니다.)
She is dressed in the _____ fashion. (그녀는 최신 유행의 옷을 입고 있다.)

① further - latest   ② further - last   ③ farther - last

④ further - latter   ⑤ far - latest

9 다음 문장 중 어법상 올바른 것은?

① My car is elder than yours. (내 차는 네 것보다 더 오래되었다.)

② I will think about it further. (내가 그것을 좀 더 생각해 볼게.)

③ Ji-na is interested in the last fashion. (지나는 최근 패션에 관심이 있다.)

④ The later part of the story is more exciting. (그 이야기의 후반부는 더욱 흥미진진하다.)

⑤ My parents came home latter than I expected.
   (나의 부모님은 내가 생각했던 것보다 더 늦게 집에 오셨다.)

Oral Test

Chapter 8

Challenge 1 비교급과 최상급은 보통 어떻게 생겼을까?

규칙 변화의 비교급과 최상급의 기본 형태에는 [   ]와 [   ] 두 가지가 있다.

Challenge 2 규칙 변화의 비교급과 최상급은 어떻게 만들까?

(1) [   ] : -er, -est를 붙인다.

　　ex) long - longer - longest　　　deep - deeper - deepest　　　strong - stronger - strongest

(2) [   ] 로 끝나는 단어: -r, -st만 붙인다.

　　ex) close - closer - closest　　　large - larger - largest　　　brave - braver - bravest

(3) [   ] 으로 끝나는 단어: 끝 자음을 한 번 더 쓰고 -er, -est를 붙인다.

　　ex) big - bigger - biggest　　　thin - thinner - thinnest　　　sad - sadder - saddest

(4) [   ] 로 끝나는 단어: y를 i로 고친 후 -er, -est를 붙인다.

　　ex) happy - happier - happiest　　　pretty - prettier - prettiest

(5) [   ] 로 끝나는 단어: 앞에 more, most를 붙인다.

　　ex) slowly - more slowly - most slowly　　　quickly - more quickly - most quickly

(6) [   ] 이상의 단어: 앞에 more, most를 붙인다.

　　ex) expensive - more expensive - most expensive
　　　　beautiful - more beautiful - most beautiful

Challenge 3 불규칙 변화의 비교급과 최상급은 어떤 것들이 있을까?

(1) good/well　- [   ] - [   ]

(2) many/much　- [   ] - [   ]

(3) little　- [   ] - [   ]

(4) bad/badly/ill　- [   ] - [   ]

95

Preview

Eric is 170cm. Peter is 170cm.
Eric은 170cm이다. Peter도 170cm이다.

Eric is **as** tall **as** Peter. (= Eric and Peter are the same height.)
Eric은 Peter만큼 키가 크다.

① 원급(동등) 비교는 두 명 또는 두 개의 대상이 서로 같거나 비슷하다고 표현하는 말이다. 'as + 형용사/부사 + as'로 나타낸다. 부정 표현은 'not as(so) + 형용사/부사 + as'로 '~만큼 ~하지 않다'의 뜻이다.

Can you run **as** fast **as** the cheetah? 치타만큼 빠르게 달릴 수 있니?

A river **isn't as** big **as** an ocean. 강은 바다만큼 크지 않다.
= A river is small**er than** an ocean. = An ocean is big**ger than** a river.

② 'as + 원급 + as possible'은 '가능한 ~한(하게)'의 의미로 'as + 원급 + 주어 + can(could)'로 바꿔 쓸 수 있다. '배수사 + as + 원급 + as'는 '~보다 몇 배 ~한'이라는 의미의 표현이다. 3배 이상은 해당 숫자에 times를 붙인다.

I spoke to her **as** slowly **as possible**. 나는 가능한 그녀에게 천천히 말했다.
= I spoke to her **as** slowly **as I could**.

My wife's salary is **three times as** high **as** mine. 내 아내의 월급은 내 월급의 세 배이다.

기본기 탄탄 다지기

1 다음 우리말과 같도록 빈칸에 알맞은 말을 쓰시오.

(1) 오늘은 어제만큼 덥다.
Today is _____ _____ _____ yesterday.

(2) 이 가방은 저것만큼 무겁지 않다.
This bag is _____ _____ _____ _____ that one.

(3) 너는 최대한 빨리 돈을 보내줄 수 있니?
Can you send me the money _____ _____ _____
_____ ?

(4) Jack은 Jane보다 열 배나 많이 돈을 가지고 있다.
Jack has _____ _____ _____ _____ _____
_____ Jane.

> 원급 비교의 부정문은 '비교급 + than'으로 바꿔 쓸 수 있다.
> Kelly is **not as** tall **as** Tom.
> = Kelly is **shorter than** Tom.
> = Tom is **taller than** Kelly.

Unit 4 · 비교구문을 이용한 표현

The more we sleep, **the more** we want to sleep.
우리는 잠을 더 많이 자면 잘수록 더 많이 자고 싶어 한다.
Which is **bigger**, the sun or the earth?
태양과 지구 중 어느 것이 더 크니?

1 '비교급(−er) and 비교급(−er)' 또는 'more and more'는 '점점 더~하다'의 뜻으로 변화를 강조하기 위해 사용한다.

It is getting **colder and colder**. 날씨가 점점 더 추워지고 있다.
The world is getting **smaller and smaller**. 세계가 점점 더 작아지고 있다.

2 'the + 비교급, the + 비교급'은 '~하면 할수록 더~하다'의 뜻으로 앞말과 뒷말이 서로 상호 연관을 갖고 변화하고 있음을 나타낸다. 앞의 내용이 조건이나 원인, 뒤의 내용이 결과가 된다.

The faster you drive, **the more** dangerous it becomes. 네가 더 빨리 운전을 하면 할수록 더욱 더 위험해진다.
The darker it grew, **the more** scared we felt. 어두워지면 어두워질수록 우리는 더 공포를 느꼈다.

3 'Which/Who ~비교급, A or B?'는 'A와 B 중 어느 것이(누가) 더 ~하니?'라는 뜻으로 둘 중에 하나를 선택하게끔 하는 의문문이다.

Q: **Which** do you like **better**, summer **or** winter? 여름과 겨울 중 어느 계절을 더 좋아하니?
A: I like summer **better**. 여름을 더 좋아해.

기본기 탄탄 다지기

1 다음 괄호 안의 단어를 이용하여 우리말과 같도록 빈칸에 알맞은 말을 쓰시오.

(1) 내 동생은 나보다 크다.
My brother is _____ _____ I. (tall)

(2) 나는 동생보다 크지 않다.
I am _____ _____ than my brother. (tall)

(3) 수미와 영미 중 누가 더 뚱뚱하니?
Who is _____, Su-mi _____ Young-mi? (fat)

(4) 날씨가 점점 더 따뜻해지고 있다.
The weather is getting _____ _____ _____. (warm)

(5) 우리가 빨리 출발하면 할수록 더 빨리 거기에 도착할 것이다.
_____ _____ we leave, _____ _____ we will get there. (soon)

▶'~보다 …하지 못하다'의 뜻인 열등 비교는 'less + 형용사/부사 + than'으로 쓴다. 음절이 2음절 이상이더라도 less 뒤에는 형용사와 부사의 원급을 써야 한다. 열등 비교는 자주 쓰지 않는다. 대신 not을 붙인 'not as(so) … as'를 많이 쓴다.
Steve drives **less** carefully **than** Tom.
= Steve **doesn't** drive as carefully as tom.

▶much, even, still, far, a lot 등을 비교급 앞에 붙여 '훨씬'이라는 뜻으로 비교급을 강조할 수 있다. 단, very는 비교급을 강조하지 못하고 형용사와 부사의 원급을 강조한다.
Jane is **much** more beautiful than Jenny.

Unit 5 ● 최상급의 활용

Mt. Everest is **the highest** mountain **in** the world.
에베레스트산은 세계에서 가장 높은 산이다.
The Hilton is **one of the most famous hotel chains** in the world.
힐튼은 세계에서 가장 유명한 호텔들 중의 하나이다.

1 'one of the + 최상급 + 복수 명사'는 '가장 ~한 것 중의 하나'의 뜻이다. '몇 번째로 가장 ~한'은 'the + 서수 + 최상급'으로 나타낸다.

Earthquake is **one of the most serious natural disasters**. 지진은 가장 심각한 자연재해 중 하나이다.
Rachel is **the second tallest** girl of the six. Rachel은 그 여섯 명 중에서 두 번째로 키가 큰 소녀이다.

2 최상급 뒤에는 '~ 중에서'라는 비교 범위를 정해주면 의미가 좀 더 명확해진다. of(~ 중에서) 뒤에는 복수 명사(all the students, all the cities, four seasons 등)를 쓰고 in[~ 안에(범위)] 뒤에는 장소나 단체(this class, the world, my family 등)의 단수 명사를 쓴다. 형용사절을 써서 최상급의 명사를 수식하기도 한다.

Korean is **the most** important **of** all subjects. 국어가 모든 과목 중에서 가장 중요하다.
Jejudo is **the biggest** island **in** Korea. 제주도는 한국에서 가장 큰 섬이다.
Transformer is the best movie **that we have ever seen**. 트랜스포머는 이제까지 우리가 본 최고의 영화이다.

기본기 탄탄 다지기

1 다음 문장의 괄호 안에서 알맞은 것을 고르시오.

(1) Which is more expensive, this [or / and] that?

(2) I like soccer the most [in / of] all sports.

(3) Who is the most popular singer [in / of] your country?

2 다음 우리말과 같도록 빈칸에 알맞은 말을 쓰시오.

(1) July is _____ _____ _____ of the year. (가장 더운 달)

(2) I think the elephant is _____ _____ _____ in the world. (두 번째로 몸집이 큰 동물)

(3) My brother is _____ _____ _____ _____ _____ in the school. (최고의 축구 선수들 중 한 명)

(4) He is the most famous actor _____ Korea.

(5) The cheetah is the fastest _____ all land animals.

> ▶비교급 앞에는 the를 붙이지 않지만 비교범주가 둘인 경우(of the two) 비교급 앞에 the를 쓴다. '둘 중 더 ~한' 의 뜻.
> Jack is **the taller** of the two.
>
> ▶일상 영어에서는 잘 쓰지 않으나 '가장 ~하지 않은'의 뜻인 the least는 the most와 반대의 의미이다. the least 뒤에는 원급을 써야 한다.
> Jacob is **the least tall** student in his class. (Jacob은 그의 학급에서 가장 작은 학생이다.)
> → Jacob is **the shortest** student in his class. (more natural)

서술형 기초 다지기 ❷

1 다음 문장의 빈칸에 알맞은 것은?

> Tigers are as _____ as Lions.

① strong   ② stronger   ③ strongest

④ more strong   ⑤ most strong

2 다음 문장의 빈칸에 알맞지 <u>않은</u> 것은?

> Dong-gun is _____ more handsome than Jong-cheol.

① very   ② still   ③ a lot

④ much   ⑤ even

[3~4] 다음 문장 중 어법상 <u>어색한</u> 것을 고르시오.

3 ① I am younger than you.

② Read as fast as you can.

③ This is one of my best pictures.

④ She is less taller than her younger sister.

⑤ Who is more handsome, Jin-yong or Jin-young?

4 ① I ate as much as I could.

② Justin is smarter of the two.

③ This car is much faster than that one.

④ You are the most important person in my company.

⑤ Which do you like better, jajangmyeon or jjamppong?

5 다음 우리말과 같도록 빈칸에 알맞은 말을 쓰시오.

나는 너보다 두 배 빠르게 타자를 칠 수 있다.

I can type _____ _____ _____ _____ you.

6 다음 문장의 밑줄 친 부분 중 어법상 어색한 곳은?

Bill ① <u>has</u> ② <u>ten time</u> ③ <u>as</u> ④ <u>much money</u> ⑤ <u>as</u> Andrew.

7 다음 문장 중 어법상 올바른 것은?

① Today is very colder than yesterday.

② Who is taller, John, Jim, or Kevin?

③ Which do you like better, English and math?

④ You are three years younger than my youngest brother.

⑤ You have to get up more early than usual tomorrow morning.

8 다음 문장의 의미가 나머지와 다른 것은?

① This wallet is cheaper than that one.

② That wallet is not as cheap as this one.

③ This wallet is not as cheap as that one.

④ This wallet is less expensive than that one.

⑤ That wallet is more expensive than this one.

9 다음 두 문장의 의미가 같도록 빈칸에 알맞은 말을 쓰시오.

Eric collected as many coins as possible.

= Eric collected as many coins as _____ _____.

10 다음 주어진 문장의 의미를 보고 빈칸에 알맞은 말을 쓰시오.

Paul is 15 years old, and Jeff is 15 years old, too.

➡ Paul is _____ _____ _____ Jeff.

Oral Test

Challenge 1 원급의 표현들에는 어떤 것들이 있을까?

(1) ☐ + 원급(~) + ☐ …: …만큼 ~한

(2) ☐ ☐ + 원급(~) + ☐ …: …만큼 ~하지 않은

= not so + 원급(~) + as …

(3) ☐ + 원급(~) + ☐ ☐ : 최대한 ~하게, 가능한 한 ~하게

= as + 원급(~) + as + 주어(S) + can/could

(4) ☐ + ☐ + 원급(~) + ☐ …: …보다 몇 배 ~한

Challenge 2 비교급의 표현들에는 어떤 것들이 있을까?

(1) ☐ + ☐ …: …보다 더~한

(2) ☐ + 원급(~) + ☐ …: …보다 ~하지 않은

(3) Which[Who]~ + ☐ , A ☐ B?: A와 B 중 어느 것이[누가] 더 ~하니?

(4) ☐ + and + ☐ : 점점 더 ~한

(5) ☐ , ☐ : ~하면 할수록 더 …하다

Challenge 3 최상급의 표현들에는 어떤 것들이 있을까?

(1) the 최상급(~) + 단수 명사(…): 가장 ~한 …

(2) the 최상급(~) + ☐ + 단수 명사(…): …에서 가장 ~한

the 최상급(~) + ☐ + 복수 명사(…): …중 가장 ~한

(3) the 서수 최상급(~) + 단수 명사(…): 몇 번째로 가장 ~한 …

(4) one of the 최상급(~) + ☐ 명사(…): 가장~한…들 중의 하나

[1~2] 다음 주어진 단어의 원급–비교급–최상급이 잘못 짝
지어진 것을 고르시오.

1 ① old - elder - eldest
② close - closer - closest
③ far - further - furthest
④ good - gooder - goodest
⑤ pretty - prettier - prettiest

2 ① lazy - lazier - laziest
② easily - easilier - easiliest
③ narrow - narrower - narrowest
④ friendly - friendlier - friendliest
⑤ clever - more clever - most clever

3 다음 두 문장의 의미가 <u>다른</u> 것은?

① I am as old as you.
= We are of an age.
② Chris is shorter than Nadia.
= Nadia is taller than Chris.
③ My bike is not as old as yours.
= My bike is not so old as yours.
④ This pen is more expensive than that one.
= That pen is less cheap than this one.
⑤ I came back home as early as possible.
= I came back home as early as I could.

[4~5] 다음 두 문장의 의미가 같도록 빈칸을 쓰시오.

4
I totally agree.
= I couldn't agree _____.

5
I ate dinner as much as I could.
= I ate dinner as much as _____.

6 다음 대화의 빈칸에 알맞지 <u>않은</u> 것은?

A: Where did you go for your vacation?
B: I went to Scotland. It is _____
more beautiful than I expected.

① even   ② a lot
③ far   ④ still
⑤ very

7 다음 도표의 내용과 일치하는 것은? (2개)

이름	신장(cm)	체중(kg)
Min-hee	160	55
So-ra	165	50
Na-young	165	60

① Min-hee is taller than So-ra.
② Na-young is as heavy as So-ra.
③ So-ra is the tallest of the three.
④ So-ra is less heavy than Min-hee.
⑤ Na-young is the heaviest of the three.

[8~9] 다음 대화의 밑줄 친 ⓐ와 ⓑ를 바르게 고치시오.

8
A: This cap is too small for me. Do you have this in a ⓐ large size?
B: I'm sorry, but it is the ⓑ large one in our store.

ⓐ _____

ⓑ _____

9
> A: What's your favorite sport?
> B: I like soccer and baseball.
> A: Which one is ⓐ exciting?
> B: They are both exciting, but I think
>   soccer is ⓑ exciting than baseball.

ⓐ _____

ⓑ _____

10 다음 밑줄 친 부분의 형태를 바르게 짝지은 것은?

> • He is <u>lazy</u> than his brother.
> • Kathy is <u>thin</u> of the two.

① lazyer - thinner
② lazier - thinner
③ more lazy - more thin
④ more lazy - thinner
⑤ lazier - the thinner

[11~12] 다음 문장의 밑줄 친 부분 중 어법상 어색한 부분을 고르시오.

11
> I ① am ② less ③ fater ④ than ⑤ you.

12
> Seoul is ① one ② of ③ the largest ④ city ⑤ in the world.

13 다음 우리말과 같도록 빈칸에 알맞은 말을 쓰시오.

> 네가 잠을 많이 자면 잘수록 너는 더 게을러진다.
> _____ you sleep, _____
> you will be.

[14~16] 다음 표를 보고 빈칸에 알맞은 말을 쓰시오.

Name	height(cm)	age
Gwang-su	160	17
Han-su	170	15
Min-jun	165	17

14 (a) Min-jun is _____
     Gwang-su. (height 비교)

   (b) Min-jun is _____
     Gwang-su. (age 비교)

15 (a) Gwang-su is _____
     Han-su. (height 비교)

   (b) Gwang-su is _____
     Han-su. (age 비교)

16 (a) Han-su is _____
     Min-jun. (height 비교)

   (b) Han-su is _____ than
     Min-jun. (age 비교)

행복의 기준

There once was a king who thought he had everything in the world but wasn't happy. The king laid down the question of how to become (a) <u>happy</u> before a distinguished teacher. After listening to his inquiry, the teacher replied, "It's simple. You just have to wear the underwear that belongs to (b) <u>happy</u> man in the world." So the king ordered all his servants to fetch the underwear of (b) <u>happy</u> man. Although the servants met all kinds of people, including famous generals, scholars, and the rich, they never thought of themselves as (b) <u>happy</u> man in the world. Then, on the last night of the month, as one of the servants walked along the river, searching for (b) <u>happy</u> man, he heard a beautiful piping sound coming from somewhere. He found the piper and asked, "Your piping sounds very beautiful and joyful. Are you also happy in your heart?" "Yes. I am (b) <u>happy</u> man in the world." The king's man was so pleased and said to him, "Please sell me your underwear. (c) I will pay _____ _____ _____ you want." However, his answer greatly disappointed the servant. "You can not see because it's dark, but I'm not wearing anything right now. Yesterday, I gave away my last pair to a poor beggar passing by."

1 위 글의 밑줄 친 (a)와 (b)의 happy의 형태를 바르게 고치시오.

(a) _____   (b) _____

2 위 글의 밑줄 친 (c)를 다음 우리말과 같도록 빈칸에 알맞은 말을 쓰시오.

당신이 원하는 만큼 줄 것이다.

(c) I will pay _____ _____ _____ you want.

Chapter 8

 A 보기와 같이 원급과 비교급을 이용하여 묻고 답하는 말하기 연습을 하세요. 연습이 한번 끝난 후 서로 역할을 바꿔 다시 말하기 연습을 하세요.

the Han River / long / the Nile / ?

No ➡ the Nile

Is the Han River as long as the Nile?

No, the Han River isn't as long as the Nile. The Nile is longer than the Han River.

1

Chinese food / delicious / Korean food / ?

No ➡ Korean food

2

the Atlantic Ocean / deep / the Pacific Ocean / ?

No ➡ the Pacific Ocean

 B 보기와 같이 원급과 비교급을 이용하여 묻고 답하는 말하기 연습을 하세요. 연습이 한번 끝난 후 서로 역할을 바꿔 다시 말하기 연습을 하세요.

big city / Japan / ?

➡ Tokyo

What is one of the biggest cities in Japan?

Tokyo is one of the biggest cities in Japan.

1

beautiful city / the world / ?

➡ Seoul

2

serious problem / the world / ?

➡ air pollution

실전 서술형 평가 문제

출제의도 | 비교급과 최상급을 이용하여 문장 만들기
평가내용 | 비교급, 최상급 활용

서술형 유형	10점
난이도	중하

 보기와 같이 주어진 표현을 이용하여 비교급 또는 최상급 문장을 완성하시오.

보기 the soccer ball / the baseball (small)

➡ The baseball is smaller than the soccer ball.

1 the baseball / the golf ball (big)

➡ _____

2 the soccer ball / of the three (big)

➡ _____

3 the golf ball / of all (small)

➡ _____

4 the soccer ball / the golf ball (big)

➡ _____

5 the baseball / the soccer ball (small)

➡ _____

평가영역	채점기준	배점
유창성(Fluency) & 정확성(Accuracy)	5개의 문장을 모두 올바른 표현과 함께 정확하게 완성한 경우 (문법, 철자가 모두 정확한 경우)	5×2 = 10점
	비교급, 최상급을 쓰지 못하였거나 문법, 철자가 1개씩 틀린 경우	문항 당 1점씩 감점
	내용과 전혀 일치하지 않거나 답을 기재하지 못한 경우	0점

실전 서술형 평가 문제

Chapter 8

출제의도 | 원급과 비교급을 활용한 문장 완성
평가내용 | 원급과 비교급의 쓰임 익히기

서술형 유형	8점
난이도	중상

B 보기와 같이 주어진 표현을 이용하여 'not as ~ as'와 비교급이 들어간 문장을 완성하시오.

> **보기** city life / village life / easy / exciting
>
> ➡ City life isn't as easy as village life, but it is more exciting.

1 traveling by plane / traveling by train / cheap / comfortable

➡ _____

2 the Kyung-bu Expressway / the country road / interesting / fast

➡ _____

3 Mexico City / Seoul / expensive / crowded

➡ _____

4 compact cars / medium-size passenger cars / comfortable / easy to park

➡ _____

평가영역	채점기준	배점
유창성(Fluency) & 정확성(Accuracy)	4개의 문장을 모두 올바른 표현과 함께 정확하게 완성한 경우 (문법, 철자가 모두 정확한 경우)	4×2 = 8점
	원급, 비교급을 쓰지 못하였거나 문법, 철자가 1개씩 틀린 경우	문항 당 1점씩 감점
	내용과 전혀 일치하지 않거나 답을 기재하지 못한 경우	0점

출제의도 | 최상급의 다양한 형태 익히기
평가내용 | one of + 최상급

서술형 유형	6점
난이도	중상

C 보기와 같이 주어진 표현을 이용하여 'one of + 최상급' 문장을 만들어 보시오.

yellow dust

보기 a serious problem in Korea

➡ Yellow dust is one of the most serious problems in Korea.

1

the Mona Lisa

a famous painting in the world

➡ _____

2

London

an attractive city in the world

➡ _____

3

the Taj Mahal

a beautiful building in the world

➡ _____

평가영역	채점기준	배점
유창성(Fluency) & 정확성(Accuracy)	3개의 문장을 모두 올바른 표현과 함께 정확하게 완성한 경우 (문법, 철자가 모두 정확한 경우)	3×2 = 6점
	최상급을 쓰지 못하였거나 복수 명사를 쓰지 못한 경우	문항 당 1점씩 감점
	내용과 전혀 일치하지 않거나 답을 기재하지 못한 경우	0점

Chapter **9**
접속사

Unit 1 ● 시간을 나타내는 접속사 1

Preview

When I was young, I wanted to be a scientist.
나는 어렸을 때 과학자가 되고 싶었다.

As soon as she lay down on her bed, she fell asleep.
그녀는 침대에 눕자마자 잠이 들어버렸다.

1 when은 '~할 때'의 뜻으로 어느 한 시점이나 기간을 콕 짚어 말할 때 쓴다. while은 '~하는 동안에'의 뜻으로 비교적 긴 시간에 걸쳐 동시에 일어나는 일을 나타낸다.

When we went out, it was raining. 우리가 밖에 나갔을 때 비가 내리고 있었다.

It began to snow **when** she came home. 그녀가 집에 왔을 때 눈이 오기 시작했다.

While I was doing the housework, I hurt my arm. 내가 집안일을 하던 중에 팔을 다쳤다.

My mother cooked dinner **while** I did my homework. 내가 숙제를 하는 동안 엄마는 저녁을 요리했다.

2 as는 '~할 때, ~함에 따라'의 뜻으로 두 가지 동작이 동시에 변화하고 있음을 나타낼 때 사용한다. as soon as 는 '~하자마자'의 뜻으로 on + v−ing로 바꿔 쓸 수 있다.

As time goes by, they miss their hometown more. 시간이 지나면서 그들은 고향을 더욱 그리워한다.

As we climbed higher, the wind got stronger. 우리가 더 올라갈수록 바람은 더 강해졌다.

Jack turned off his computer **as soon as** he saw his mom. Jack은 엄마를 보자마자 그의 컴퓨터를 껐다.
= Jack turned off his computer **on** see**ing** his mom.

기본기 탄탄 다지기

1 다음 우리말과 같도록 빈칸에 알맞은 말을 쓰시오.

(1) 나의 부모님은 내가 시험에 합격했을 때 매우 기뻐했다.

   My parents were very pleased ＿＿＿＿＿＿ I passed the exam.

(2) 날이 갈수록 날씨는 더 추워졌다.

   ＿＿＿＿＿＿ the day went on, the weather got colder.

(3) 내가 외출한 동안 누구한테 전화오지 않았나요?

   Did anyone call me ＿＿＿＿＿＿ I was out?

(4) 내가 그녀를 보자마자 내 심장이 매우 빠르게 뛰기 시작했다.

   ＿＿＿＿＿＿ I saw her, my heart began to beat really fast.

pleased a. 기쁜
beat v. (심장이) 뛰다

▶시간의 부사절을 이끄는 when, while, as가 '~동안에(~중에)의 뜻으로 쓰일 때는 모두 같은 의미를 가진다.

When I was sleeping, the phone rang. 내가 자고 있던 중에 전화가 울렸다.
= While I was sleeping, the phone rang.
= As I was sleeping, the phone rang.

Unit 2 ● 시간을 나타내는 접속사 2

Preview

Before we had dinner, we went for a walk.
우리는 저녁을 먹기 전에 산책을 나갔다.

My parents always wait for me **until** I come home.
나의 부모님은 내가 집에 들어올 때까지 항상 나를 기다리신다.

① after는 '~한 후에', before는 '~하기 전에'의 뜻으로 접속사로 쓰일 때는 뒤에 주어와 동사가 오며 전치사로 쓰일 때는 뒤에 명사나 동명사가 온다. until은 '~할 때까지'의 뜻이다.

She brushed her teeth **after** she got up. 그녀는 일어난 후에 이를 닦았다.

Before my mother goes shopping, she makes a shopping list. 엄마는 쇼핑하기 전에 쇼핑목록을 만드신다.

After school, I volunteer at an elementary school. 방과 후에 나는 초등학교에서 자원봉사를 한다.

Let's wait here **until** she comes back. 그녀가 돌아올 때까지 여기에서 기다리자.

② 'since + s + v'는 '~한 이래로, 이후로'의 뜻으로 반드시 동사(v)는 과거시제를 쓴다. since는 현재완료와 함께 사용될 때 '~이래로'의 뜻이 된다.

She *has worked* here **since** she **finished** university. 그녀는 대학을 졸업한 이후로 이곳에서 일하고 있다.

I *have lost* over 20 kilograms **since** I **started** my diet. 내가 다이어트를 시작한 이후로 20킬로그램 이상을 감량했다.

기본기 탄탄 다지기

1 다음 우리말과 같도록 빈칸에 알맞은 말을 쓰시오.

(1) 내가 태어나기 전에 한국 전쟁이 일어났다.

The Korean War broke out ＿＿＿＿＿＿ I was born.

(2) 나는 보통 세수를 한 후에 아침식사를 한다.

I usually have breakfast ＿＿＿＿＿＿ I wash my face.

(3) 우리는 부모님이 돌아가실 때까지 그분들의 깊은 사랑을 모른다.

We don't know our parents' deep love ＿＿＿＿＿＿ they pass away.

(4) 내가 이곳에 온 이후로 2년이 지났습니다.

Two years have passed ＿＿＿＿＿＿ I came here.

break out v. (전쟁 등이) 발생하다. 일어나다
pass away 돌아가시다 (= die)

▶after, before, until, when 등이 이끄는 시간의 부사절에는 미래를 의미하는 내용이라도 미래시제 will을 쓰지 않는다. 현재시제 또는 현재완료 시제를 써서 미래를 나타낸다.
It will not be long before she <u>comes</u>. → will come(x)
Please wait for me here until I <u>come back</u>. → will come back(x)
Can I borrow that book when you <u>have finished</u> it? → will you have finished(x)

1 다음 문장의 빈칸에 while과 as 중 알맞은 것을 쓰시오.

(1) She called me _____ I was asleep.

(2) I saw Juliet _____ I was getting off the train.

(3) Please take care of my children _____ I am not here.

(4) Children change greatly _____ they grow older.

(5) I got married _____ I was living in New York.

asleep a. 잠이 든
take care of ~를 돌보다

2 다음 우리말과 같도록 빈칸에 알맞은 말을 보기에서 골라 쓰시오.

when	until	since	as soon as

(1) 나는 31살 때 결혼했다.

I got married _____ I was 31.

(2) 내가 버스 정류장에 도착하자마자 버스가 떠나 버렸다.

_____ I arrived at the bus stop, the bus left.

(3) 나는 5살 때부터 이곳에 살고 있다.

I have lived here _____ I was 5.

(4) 비가 멈출 때까지 여기에 있는 것이 좋겠다.

I'd better stay here _____ it stops raining.

had better ~하는 편이 낫다

3 다음 두 문장의 의미가 같도록 빈칸에 알맞은 말을 쓰시오.

(1) I pray before I have a meal.

= I have a meal _____ I pray.

(2) After I have breakfast, I brush my teeth.

= I have breakfast _____ I brush my teeth.

have a meal 식사하다
brush one's teeth 이를 닦다

서술형 기초 다지기 ❶

[1~2] 다음 문장의 빈칸에 알맞은 것을 고르시오.

1

> I won't forget your kindness to me _____ I die.

① when   ② as soon as   ③ after

④ until   ⑤ while

2

> I have met a lot of people _____ I came here.

① when   ② because   ③ before

④ if   ⑤ since

3 다음 문장의 밑줄 친 부분 중 어색한 곳은?

I ① will give ② you the book ③ when I ④ will meet ⑤ you.

[4~5] 다음 두 문장의 의미가 같도록 빈칸에 알맞은 말을 쓰시오.

4 I keep a diary before I go to bed.

= I go to bed _____ I keep a diary.

5 In elementary school, I liked to study.

= _____ I was in elementary school, I liked to study.

[6~7] 다음 밑줄 친 when의 쓰임이 나머지와 다른 것을 고르시오.

6 ① <u>When</u> the temperature of water reaches 100°C, water boils.

② <u>When</u> I was a child, I lived in the country.

③ Please turn off the light <u>when</u> you go out.

④ I don't know <u>when</u> I will meet him again.

⑤ Why were you surprised <u>when</u> you saw me?

7 ① <u>When</u> I looked at her, she smiled at me.

② Turn off the light <u>when</u> I give the signal.

③ What do you usually do <u>when</u> you are free?

④ Do you know <u>when</u> your mother's birthday is?

⑤ There were a lot of fireflies in the country <u>when</u> I was young.

8 다음 문장 중 어법상 어색한 것은?

① I met Jim while I was waiting for a bus.

② I felt asleep while I was watching the movie.

③ I saw Tom while I was getting on the bus.

④ I burnt my hand while I was cooking in the kitchen.

⑤ I met a lot of people while I was studying English in London.

9 다음 우리말과 같도록 빈칸에 알맞은 말을 쓰시오.

내 딸이 나를 보자마자 양팔을 벌리고 나에게 뛰어왔다.

_____ my daughter saw me, she ran to me with her arms open.

Oral Test

Challenge 1 〈시간〉을 나타내는 접속사란 무엇일까?

어떤 일이나 사건이 발생하는 시점이나 전·후 관계 또는 기간을 나타내며 부사절을 이끈다.

Challenge 2 〈시간〉을 나타내는 접속사에는 무엇이 있을까?

(1) when:

When I was a child, I learned how to play chess from my father. 나는 어렸을 때 아버지에게 체스하는 법을 배웠다.

(2) as:

As I was taking a shower, the phone rang. 내가 샤워를 하고 있었을 때 전화벨이 울렸다.

(3) while:

My little brother just watched TV **while** I cleaned our room. 내가 우리 방을 청소하고 있는 동안 내 동생은 TV만 봤다.

(4) before:

I keep a diary **before** I go to bed. 나는 잠자리에 들기 전에 일기를 쓴다.

(5) after:

I go to bed **after** I keep a diary. 나는 일기를 쓴 후에 잠자리에 든다.

(6) until:

We'd better stay here **until** it stops raining. 비가 멈출 때까지 우리는 여기서 기다리는 것이 좋겠다.

(7) since:

I have been working here **since** I graduated from college. 나는 대학을 졸업한 이후로 이곳에서 일하고 있다.

(8) as soon as:

As soon as we heard the bell ring, we ran out of the classroom. 종이 울리자마자 우리는 교실 밖으로 뛰어 나왔다.

As I am tired, I'll go to bed early.
피곤하기 때문에 일찍 잠자리에 들어야겠다.
We couldn't go out **because of** the storm.
우리는 폭풍 때문에 밖에 나갈 수 없었다.

1 because, as, since는 '~때문에'라는 뜻으로 원인을 나타내는 부사절을 이끄는 접속사이다. as와 since는 말하는 사람 또는 듣는 사람이 서로 알만한 원인을 나타내어 주로 문장 앞에 쓴다. because는 듣는 사람이 잘 알지 못하는 이유를 강조하며 말하므로 why에 대한 대답으로 because를 쓴다.

Since it's snowing again, I will stay at home. 눈이 또 오고 있기 때문에 나는 집에 있을 거야.

As she failed to pass the exam, she has been depressed all day.
시험에 통과하지 못했기 때문에 그녀는 온종일 우울해했다.

I was absent from school yesterday **because** I was sick. 나는 어제 아파서 학교에 결석했다.

2 because of도 '~때문에'라는 뜻이지만 of가 전치사이므로 전치사 뒤에 반드시 명사를 쓰고 동작을 나타내려면 동명사를 써야 한다.

I could only eat a salad in the restaurant **because** I am a vegetarian.
나는 채식주의자이기 때문에 그 식당에서 샐러드만 먹을 수 있었다.

I stayed at home **because of** the rain. 비 때문에 나는 집에 머물렀다.

기본기 탄탄 다지기

1 다음 우리말과 같도록 빈칸에 주어진 알파벳으로 시작하는 단어를 쓰시오.

in front of ~앞에
air-conditioner n. 에어컨

(1) 어떤 차가 갑자기 내 앞에서 멈추어서 깜짝 놀랐다.

I was so surprised b_____ a car suddenly stopped in front of me.

(2) 어제 날씨가 너무 더워서 나는 에어컨을 켰다.

A_____ it was very hot yesterday, I turned on an air-conditioner.

(3) 우리가 그 컴퓨터를 사용하지 않기 때문에 팔아버렸다.

S_____ we didn't use the computer, we sold it.

2 다음 문장의 괄호 안에서 알맞은 것을 고르시오.

traffic jam 교통체증

(1) I was late [because / because of] the traffic jam.

(2) I helped you [because / because of] I wanted to.

Unit 4 ● 조건과 결과를 나타내는 접속사

Will you phone me **if** you *arrive* at the hotel?
호텔에 도착하면 제게 전화 주실래요?

She likes music, **so** she often goes to concerts.
그녀는 음악을 좋아해서 종종 콘서트에 간다.

1 if는 조건의 부사절을 이끈다. 조건의 부사절에서는 현재시제가 미래를 대신한다. unless는 '~하지 않으면'의
뜻으로 if ~not과 같은 뜻이다.

If you *don't eat* less, you won't lose weight. 네가 적게 먹지 않는다면 살이 빠지지 않을 거야.
= **Unless** you *eat* less, you won't lose weight.

If she *gets* a job, she will buy a car. 그녀가 직업을 갖는다면 차를 한 대 살 거야.

2 so는 '그래서(그 결과)'의 뜻으로 앞 문장은 원인, so 이하는 결과를 나타낸다. 'so + 형용사/부사 + that'은 '너
무 ~해서 그 결과'의 뜻으로 that 이하의 내용이 결과를 나타낸다.

I got up late this morning, **so** I missed the school bus. 나는 오늘 아침에 늦게 일어나서 학교 버스를 놓쳤다.
= I missed the school bus **because** I got up late this morning.

I was **so** tired **that** I couldn't even move my finger. 나는 너무 피곤해서 손가락조차 움직일 수가 없었다.

기본기 탄탄 다지기

1 다음 우리말과 같도록 빈칸에 알맞은 말을 쓰시오.

(1) 나는 너무 배가 고파서 전화로 피자를 주문했다.

I was so hungry _____ I rang for a pizza.

(2) 나는 어제 너무 피곤해서 일찍 집에 갔다.

I was _____ tired _____ I went home early yesterday.

(3) 내일 John을 보면 나에게 전화하라고 부탁 좀 해줄래?

_____ you see John tomorrow, can you ask him to call me?

(4) 몸이 별로 좋지 않으면 집에 가도 좋다.

_____ you feel well, you may go home.

▶변하지 않는 진리나 사실을 나타낼
때에는 조건의 부사절로 표현할 수 있
다. 이때에는 부사절과 주절 모두 현재
시제를 써야 한다.

If the temperature **falls** below zero,
water **turns** to ice. 온도가 0도 이하로
떨어지면 물이 언다.

If you **water** plants, they **grow**. 당신이
식물에 물을 주면, 식물들은 자란다.

▶'so that + S + 조동사'는 '~하기 위
하여'의 뜻으로 목적을 나타낸다.

I studied hard **so that** I could get a
good score. 나는 좋은 점수를 얻기
위하여 열심히 공부했다.

Preview

Although he was tired, he went to work.
그는 피곤함에도 불구하고 일하러 갔다.

Even if I have to be in danger, I still love you.
비록 내가 위험에 빠지더라도 나는 여전히 너를 사랑한다.

1 although, even though, though는 모두 '~임에 불구하고, 비록 ~이지만'이라는 뜻이다. 예상하지 못한 원인을 나타내는 양보의 부사절을 이끌고 주절은 결과를 나타낸다.

Even though I waited in line for 2 hours, I couldn't buy a ticket for the movie.
2시간 동안 줄을 서서 기다렸는데도 불구하고 나는 영화표를 사지 못했다.

(Al)though he apologized, she is still angry with him. 그가 사과를 했는데도 불구하고 그녀는 아직도 그에게 화가 나 있다.

2 even if는 '비록 ~일지라도'의 의미로 양보를 나타내지만 although, even though, though와는 그 쓰임이 다르다. even if는 조건이나 가정의 의미로 어떤 일에 대해 단지 상상하는 것이지만 '그 결과는 달라지지 않는다'는 의미를 담고 있다. although, even though, though는 기정 사실의 내용이 온다.

Although(Though/Even though) he is a math teacher, he speaks English fluently.
그는 수학선생님인데도 불구하고 영어를 유창하게 말한다. ▶수학선생님인 것은 기정 사실

Even if it rains, we will go on a picnic.
설사 비가 온다 할지라도 우리는 소풍을 갈 것이다. ▶비가 올지 모른다는 상황을 가정. 소풍 가는 일은 달라지지 않는다.

Even if he apologizes to me, I'll never forgive him.
그가 사과를 한다 하더라도 나는 그를 절대 용서하지 않을 것이다. ▶사과를 한다는 상황을 가정. 결과는 달라지지 않음.

기본기 탄탄 다지기

1 **다음 문장을 우리말로 번역하시오.**

(1) Though it rained, we continued to play soccer.

_____

(2) Although there was an accident, I arrived on time.

_____

(3) Even though he was very tired, he couldn't sleep.

_____

continue v. 계속하다
on time 시간에 맞게, 정각에

▶in spite of, despite도 '~임에 불구하고'라는 의미로 (al)though와 같은 뜻이지만 이 둘은 전치사로 뒤에 명사 또는 명사구를 써야 한다.
Despite his illness, he went to work.
In spite of heavy traffic, I managed to get to the airport in time.

서술형 기초 다지기 ❷

[1~2] 다음 문장의 밑줄 친 부분 중 어색한 곳을 고르시오.

1 Unless you ① don't ② hurry up, you ③ will ④ miss ⑤ the train.

2 I ① couldn't see ② anything ③ because the ④ thick ⑤ fog.

3 다음 문장의 빈칸에 알맞은 것은?

> The soccer game was canceled _____ the rain.

① because   ② if   ③ until

④ as   ⑤ because of

4 다음 두 문장의 의미가 같도록 할 때 빈칸에 알맞은 것끼리 짝지은 것은?

> I was late for the class _____ the bus broke down.
> = The bus broke down, _____ I was late for the class.

① so - because   ② if - because   ③ because - so

④ because - if   ⑤ so - though

5 다음 문장 중 어법상 어색한 것은?

① I helped her because I liked it.

② As I am busy now, I can't help you.

③ I didn't go out because the cold weather.

④ Since I was sick, I didn't go to school yesterday.

⑤ Because I have a lot of things to do, I can't go to bed early.

Chapter **9**

[6~8] 다음 우리말과 같도록 빈칸에 알맞은 말을 쓰시오.

6 만약 내가 돌아오지 않으면, 나 없이 떠나라.

_____ I come back, leave without me.

7 비록 그가 전에 나를 싫어했지만, 지금은 나를 좋아한다.

_____ _____ he disliked me before, he likes me now.

8 그 수수께끼는 너무 어려워서 나는 풀 수 없었다.

The riddle was _____ difficult _____ I couldn't solve it.

[9~10] 다음 문장의 밑줄 친 부분의 쓰임이 나머지와 <u>다른</u> 것을 고르시오.

9 ① I will help you <u>if</u> I'm not busy.

② <u>If</u> the sun shines, dew goes away.

③ I will ride you home <u>if</u> you want.

④ I wonder <u>if</u> Amy will come to our party.

⑤ I would be very glad <u>if</u> you become my friend.

10 ① I want to know <u>if</u> the rumor is true.

② <u>If</u> you need any help, just let me know.

③ <u>If</u> you need a dictionary, you may use mine.

④ <u>If</u> you don't have anything special, let's go shopping.

⑤ You should get some exercise <u>if</u> you want to lose your weight.

Oral Test

Challenge 1 〈이유〉를 나타내는 접속사에는 어떤 것이 있을까?

이유를 나타내는 접속사에는 [   ], [   ], [   ]가 있으며 「~하기 때문에」로 해석한다.

Since I had nothing to do special, I just watched TV. 특별히 할 일이 없어서 나는 TV를 봤다.

Challenge 2 because와 because of는 어떤 차이가 있을까?

(1) because + [   ]

I like Betty **because** she is very cute and friendly. Betty는 매우 귀엽고 친절하기 때문에 나는 그녀를 좋아한다.

(2) because of + [   ]

I like Betty **because of** her good personality. 나는 Betty의 좋은 성품 때문에 그녀를 좋아한다.

Challenge 3 〈결과〉를 나타내는 접속사에는 어떤 것이 있을까?

(1) so S + V ~: [   ]

Thomas is very honest, **so** I hired him. Thomas가 매우 정직해서 나는 그를 고용했다.

(2) so ~ that S + V …: [   ]

Jill was **so** tired **that** she couldn't wake up right away. Jill은 매우 피곤해서 곧바로 일어나지 못했다.

Challenge 4 〈조건〉을 나타내는 접속사에는 어떤 것이 있을까?

(1) if + S + V ~: [   ]

If you have a driver's license, I will lend my car to you. 네가 운전면허증이 있으면 내 차를 네게 빌려줄게.

(2) unless + S + V ~: [   ]

I will be late **unless** I hurry. 나는 서두르지 않으면 늦을 거야.

Challenge 5 〈양보〉를 나타내는 접속사에는?

[   ], [   ], [   ]가 있으며 「~임에도 불구하고」로 해석한다.

Though I was tired, I got up early and went to work. 나는 피곤했지만 일찍 일어나 일하러 갔다.

Unit 6 ● 명령문 + and/or

Exercise regularly, **and** you'll be healthy.
규칙적으로 운동해라, 그러면 너는 건강해질 거다.
Don't look back, **or** you may see a ghost.
뒤돌아보지 마라, 그렇지 않으면 너는 귀신을 볼지도 모른다.

1 '명령문 + and'는 '~해라, 그러면.. 할 것이다'의 뜻이다. 조건의 부사절 if로 바꿔 쓸 수 있다.

Just **phone** me, **and** I will be there. 전화만 하세요. 그러면 제가 그곳으로 가겠습니다.
= **If** you phone me, I will be there.

2 '명령문 + or'은 '~해라, 그렇지 않으면...할 것이다'의 뜻이다. 조건의 부사절 If ~not 또는 unless를 이용한
문장으로 바꿔 쓸 수 있다.

Be careful, **or** you will get hurt. 조심해라. 그렇지 않으면 다칠 거야.
= **If** you are **not** careful, you will get hurt.
= **Unless** you are careful, you will get hurt.

기본기 탄탄 다지기

1 다음 문장의 밑줄 친 부분을 우리말로 해석하시오.

(1) Take my advice, <u>and</u> you will succeed. _____

(2) Put on your coat, <u>or</u> you will catch a cold. _____

put on 입다
catch a cold 감기에 걸리다

2 다음 두 문장의 의미가 같도록 빈칸에 알맞은 말을 쓰시오.

(1) Hurry up, and you will not be late for the meeting.

= _____ _____ hurry up, you will not be late for the
meeting.

(2) Do your best, or you will not win the game.

= _____ _____ _____ do your best, you will not
win the game.

(3) Think twice, or you will make a mistake.

= _____ _____ think twice, you will make a mistake.

think twice
깊이 생각하다, 숙고하다

Unit 7 ● 상관접속사 1

Preview

Both soccer **and** basketball are my favorite sports.
축구와 농구 둘 다 내가 가장 좋아하는 스포츠이다.
She learns **not only** English **but also** Italian.
그녀는 영어뿐만 아니라 이탈리어어도 배운다.

① both A and B: 'A와 B 둘 다(부가 additive)'의 뜻이다. 주어 자리에 쓸 경우 복수 취급하여 동사도 복수형을 쓴다.

Both my father **and** my mother **are** very proud of me. 나의 아버지 어머니 두 분 다 나를 자랑스러워하신다.

② not only A but (also) B: 'A뿐만 아니라 B도(B를 강조)'의 뜻이다. 주어 자리에 쓸 경우 동사의 수는 B에 의해 결정된다. 'B as well as A'와 같은 의미이다. 일상 영어에서 also를 생략하는 경우가 많다. 'not A but B'는 'A가 아니라 B'의 뜻으로 B에 수를 일치시킨다.

He is **not only** a movie director **but (also)** a movie actor. 그는 영화감독일 뿐만 아니라 영화배우이기도 하다.
= He is a movie actor **as well as** a movie director.

Not only I **but also** she **is** interested in K-pop music. 나뿐만 아니라 그녀도 케이팝에 관심이 있다.
= She **as well as** I **is** interested in K-pop music.

Not I **but** he **is** a thief. 내가 아니라 그가 도둑이다.

기본기 탄탄 다지기

1 다음 주어진 문장을 보고 빈칸에 알맞은 말을 쓰시오.

(1) I know her. He knows her, too.
➡ _____ I _____ he know her.

(2) Jane can play the piano. Jenny can play the piano, too.
➡ _____ _____ Jane _____ _____ Jenny
can play the piano.

(3) I am a boss. He is not a boss.
➡ _____ he _____ I am a boss.

Preview

We can go there **either** by bus **or** on foot.
우리는 버스로 또는 걸어서 그곳에 갈 수 있다.

I **neither** smoke **nor** drink.
나는 담배도 안 피고 술도 마시지 않는다.

1 either A or B: 'A와 B 둘 중에 하나 (양자택일 alternative)'의 뜻이다. 주어 자리에 쓸 경우 동사의 단수, 복수는 B에 의해 결정된다.

He is not **either** in London **or** in Edinburgh. 그는 지금 런던에 있거나 에든버러에 있다.

Either Tom **or** Susan **is** in a big trouble. Tom과 Susan 중 한 명은 큰 어려움에 처해 있다.

2 neither A nor B: 'A와 B도 ~아닌 (양자부정 negative)'의 뜻이다. 주어 자리에 쓸 경우 동사의 단수, 복수는 B에 의해 결정된다. neither가 부정어이므로 not이 있는 'not ~either'과 의미가 같다.

She was expressionless. She **neither** laughed **nor** cried. 그녀는 무표정했다. 그녀는 웃지도 울지도 않았다.

Neither hamburgers **nor** French fries **are** good for your health. 햄버거와 프렌치 프라이즈 둘 다 건강에 좋지 않다.

= **Not either** hamburgers **or** French fries **are** good for your health.

기본기 탄탄 다지기

1 다음 우리말과 같도록 빈칸에 알맞은 말을 쓰시오.

(1) 두드려라, 그러면 문은 너에게 열려질 것이다.

　　Knock, _____ the door will be opened to you.

(2) 움직이지 마, 그렇지 않으면 쏠 테다.

　　Don't move, _____ I will shoot you.

(3) 그와 나 둘 다 똑똑하다.

　　_____ he _____ I are smart.

(4) 너뿐만 아니라 나도 그것을 봤다.

　　_____ you _____ I saw it.

(5) 내가 아니라 그가 이 선물을 샀다.

　　_____ I _____ he bought this gift.

(6) 너 아니면 내가 설거지를 해야 한다.

　　_____ you _____ I have to wash the dishes.

(7) 너도 나도 둘 다 틀리지 않다.

　　_____ you _____ I am wrong.

knock v. 두드리다
shoot v. 쏘다

▶ not only A but also B, either A or B, neither A nor B, not A but B는 의미상 B를 강조하는 의미가 담겨 있기 때문에 동사는 모두 B에 의해 결정된다.

서술형 기초 다지기 ❸

1 다음 문장의 의미가 나머지와 <u>다른</u> 것은?

① I can speak not Japanese but Chinese.

② I can speak Chinese as well as Japanese.

③ I can speak both Japanese and Chinese.

④ I can speak not only Japanese but also Chinese.

⑤ I can speak Japanese, and I can speak Chinese, too.

2 다음 문장의 빈칸에 들어갈 말이 나머지와 <u>다른</u> 것은?

① My brother _____ I are students.

② Both Jim _____ Justin made a mistake.

③ Not only Julia _____ also Juliet is pretty.

④ Study harder, _____ you will get good marks.

⑤ Think hard, _____ you will get to know the answer.

3 다음 문장의 빈칸에 알맞은 것은?

> Don't eat too many sweets, _____ you will have cavities.

① because   ② so   ③ and

④ but   ⑤ or

[4~5] 다음 두 문장의 의미가 같도록 빈칸에 알맞은 말을 쓰시오.

4 Both you and I were right.

= I _____ _____ _____ you was right.

5 Study harder, or you won't gain a scholarship.

= _____ you study harder, you won't gain a scholarship.

6 다음 문장의 밑줄 친 부분의 뜻이 나머지와 <u>다른</u> 것은?

① I will do it today <u>or</u> tomorrow.

② Either James <u>or</u> Tony will help me.

③ Which do you like better, a pear <u>or</u> a peach?

④ I will join either science club <u>or</u> bowling club.

⑤ Don't skip breakfast, <u>or</u> your health will get worse.

[7~8] 다음 문장 중 어법상 <u>어색한</u> 것을 고르시오.

7 ① Either you or I am wrong.

② Neither you nor Min-seok has a car.

③ Not only Su-mi but also Min-hee likes me.

④ Not Min-jun but you have to wash the car.

⑤ Min-young as well as you are able to solve the problem.

8 ① Neither I nor you are rich.

② Both my father and my mother is a doctor.

③ Not the boy but the girls are troublemakers.

④ They as well as I are going to a middle school.

⑤ Not only my elder brother but also I have a computer.

9 다음 문장의 빈칸에 알맞은 것은?

I go to school not by bike _____ on foot.

① and   ② also   ③ or

④ but   ⑤ nor

10 다음 우리말과 같도록 빈칸에 알맞은 말을 쓰시오.

너도 나도 그것에 책임이 없다.

Neither you _____ I am responsible for it.

Oral Test

Challenge 1 〈명령문 + and〉와 〈명령문 + or〉는 어떤 의미일까?

(1) 명령문(~) + and …: ⬚

　　Hurry up, and you will be in time. 서둘러라. 그러면 제시간에 도착할 것이다.

(2) 명령문(~) + or …: ⬚

　　Hurry up, or you'll be late for school. 서둘러라. 그렇지 않으면 학교에 늦을 것이다.

Challenge 2 상관접속사란 무엇일까?

⬚ 란 서로 짝을 이루어 A와 B를 서로 긴밀하게 연결시켜 주는 접속사를 말한다.

Challenge 3 상관접속사에는 어떤 것들이 있을까?

(1) ⬚ A ⬚ B: A와 B 둘 다

　　I know **both** Beth **and** Eve. 나는 Beth와 Eve 둘 다 안다.

(2) ⬚ A ⬚ B: A뿐만 아니라 B도

　　I know **not only** Beth **but also** Eve. 나는 Beth뿐만 아니라 Eve도 안다.

(3) ⬚ A ⬚ B: A가 아니라 B

　　We went there **not** by bus **but** by taxi. 우리는 버스가 아니라 택시를 타고 거기에 갔다.

(4) ⬚ A ⬚ B: A 또는 B (둘 중 하나)

　　Steve is **either** a fool **or** a genius. Steve는 바보 아니면 천재이다.

(5) ⬚ A ⬚ B: A와 B 둘 다 ~아니다

　　I am **neither** a fool **nor** a coward. 나는 바보도 겁쟁이도 아니다.

[1~3] 다음 밑줄 친 부분 중 어법상 어색한 곳을 고르시오.

1 ① Unless you don't ② buy ③ the digital camera, I ④ will buy ⑤ it.

2 We ① had better ② take ③ a subway ④ if it ⑤ will snow.

3 We ① are going to ② stay here ③ until the storm ④ will be ⑤ over.

4 다음 두 문장의 뜻이 다른 것은?
① I wash my face before I have breakfast.
 = I have breakfast after I wash my face.
② I can speak not only English but also German.
 = I can speak German as well as English.
③ As I was taking a shower, I couldn't answer the phone.
 = Since I was taking a shower, I couldn't answer the phone.
④ My brother studied so hard that he could be a lawyer.
 = My brother studied hard so that he could be a lawyer.
⑤ Write down my phone number, or you will forget it soon.
 = Unless you write down my phone number, you will forget it soon.

[5~6] 다음 두 문장의 빈칸에 공통으로 들어갈 알맞은 말을 쓰시오.

5
ⓐ _____ it may rain this afternoon, you had better take an umbrella with you.
ⓑ I happened to meet my old friend _____ I was walking down the street.

6
ⓐ _____ I am afraid of water, I don't swim in the sea.
ⓑ I have lived with my grandparents _____ I was 4.

7 다음 우리말과 같도록 빈칸에 알맞은 말을 쓰시오.

그 약을 먹자마자 나는 잠이 들었다.
_____ I took the medicine, I fell asleep.

[8~10] 다음 밑줄 친 부분의 쓰임이 다른 것을 고르시오.

8 ① I don't know when to leave.
 ② When it snows, I don't drive.
 ③ When I was young, I lived in the country.
 ④ My parents were very pleased when I was born.
 ⑤ The line was busy when I called her a few minutes ago.

9 ① I wonder if the story is true.
 ② I will forgive him if he apologizes to me.
 ③ If you don't go there, I won't go, either.
 ④ We will have a snow ball fight if it snows.
 ⑤ Write a letter to me if you arrive in America.

10 ① Hurry up, <u>and</u> you will be in time.
② Both Peter <u>and</u> Paul are Americans.
③ I like math, <u>and</u> my brother likes science.
④ Your mother looks young <u>and</u> beautiful.
⑤ I take a shower every morning <u>and</u> every evening.

11 다음 대화의 빈칸에 알맞은 말을 쓰시오.

> A: I think you like Tom because he is handsome, don't you?
> B: No, I don't. I like him _____ because of his good looks _____ because of his personality.

[12~13] 다음 문장의 괄호 안에서 알맞은 것을 고르시오.

12
> [If / Although] he is only 15, he goes to a college.

13
> I couldn't attend the meeting [because / because of] a personal matter.

[14~15] 다음 문장 중 어법상 올바른 것을 고르시오.

14 ① I will go out if it will be fine.
② I will tell it to Jim if I will meet him.
③ I was late because of the traffic jam.
④ Unless you aren't busy, help me please.
⑤ Be careful, and you will fall down the stairs.

15 ① Not he but I are a pro-gamer.
② Ji-min as well as you sings well.
③ Neither I nor he are good at math.
④ Both Tony and Ann is younger than me.
⑤ Either you or Tim have to do the work.

[16~18] 다음 글을 읽고 물음에 답하시오.

> Polar bears eat seals, reindeer, sea birds, and so on. _____ⓐ_____ polar bears hunt, their white fur plays an important role. The North Pole is covered with white snow and ice. _____ⓑ_____ the polar bears had black fur, their prey would notice them easily and make hunting difficult. But _____ⓒ_____ polar bears have white fur, they blend in with the snow and ice. Then, they can hunt successfully.

16 위 글의 빈칸 ⓐ와 ⓑ에 알맞은 것끼리 짝지은 것은?

	ⓐ	ⓑ		ⓐ	ⓑ
①	Because	When	②	When	Because
③	When	If	④	As	Unless
⑤	When	Unless			

17 위 글의 빈칸 ⓒ에 알맞은 접속사를 모두 고르시오.

① when   ② as   ③ after
④ since   ⑤ while

18 위 글의 내용에 맞게 빈칸에 알맞은 말을 쓰시오.

Polar bears can hunt successfully _____ their white fur.

공공장소에서의 매너

① <u>There was a very beautiful lady.</u> But she seemed to have a big problem. It was about going to a movie theater. People going to the movie theater were all couples, so she didn't try. One day, she brought up the courage to go to the movie theater. ② <u>She bought a large popcorn and coke as others and strutted into the theater.</u> (a)_____ she was enjoying the movie, she felt strange in her stomach. ③ <u>She was about to fart.</u> She tried hard to hold it in, but she couldn't anymore. So she tried to let it out little by little. rumbling ... rumbling ... rumbling. ④ <u>She felt relieved.</u> Then, someone behind her tapped on her shoulder and said, "Could you turn off your cellphone? ⑤ <u>I can hardly hear because the vibration.</u>"

1 위 글의 빈칸 (a)에 알맞은 것은?

① While　　　　② Because　　　　③ If　　　　④ Since　　　　⑤ Though

2 위 글의 밑줄 친 ①~⑤ 중 어법상 어색한 것은?

Pair work A 보기와 같이 조건의 부사절을 이용하여 묻고 답하는 말하기 연습을 하세요. 연습이 한번 끝난 후 서로 역할을 바꿔 다시 말하기 연습을 하세요.

the weather / be muggy / ?

➡ go to the beach

Do you think the weather will be muggy tomorrow?

If the weather is muggy tomorrow, I'm going to go to the beach.

The weather report says it might be muggy.

1

the weather / be nice / ?

➡ go on a hike

2

it / snow / ?

➡ build a snowman

Pair work B 보기와 같이 시간의 부사절을 이용하여 묻고 답하는 말하기 연습을 하세요. 연습이 한번 끝난 후 서로 역할을 바꿔 다시 말하기 연습을 하세요.

after / finish your homework / ?

➡ go to the Central Park

What are you going to do after you finish your homework?

I'm not sure. Maybe I'll go to the Central Park.

1

before / go shopping / ?

➡ play badminton with my husband

2

after / have lunch / ?

➡ play soccer with my friends

출제의도 | 시간과 조건을 나타내는 접속사를 이용하여 표현하기	**서술형 유형**	9점
평가내용 | 접속사 if, when, as soon as의 이해 평가	**난이도**	중상

A 주어진 내용을 읽고 보기와 같이 주어진 접속사를 이용하여 완전한 한 문장으로 만드시오. (시제에 유의할 것.)

보기 Olivia will listen to K-pop music.
Then, she will go to bed tonight.

(before) ➡ Before Olivia goes to bed tonight, she will listen to K-pop music.
/ Olivia will listen to K-pop music before she goes to bed tonight.

1

You will travel to New York.
You will meet some nice people.

(if) ➡ _____

_____

2

Ivy will go to the interview.
She will wear her new suit.

(when) ➡ _____

_____

3

Kevin will arrive at the hotel.
Then, he will call us.

(as soon as) ➡ _____

_____

평가영역	채점기준	배점
유창성(Fluency) & 정확성(Accuracy)	3개의 문장을 모두 올바른 표현과 함께 정확하게 완성한 경우 (문법, 철자가 모두 정확한 경우)	3×3 = 9점
	접속사를 바르게 쓰지 못하였거나 문법, 철자가 1개씩 틀린 경우	문항 당 1점씩 감점
	내용과 전혀 일치하지 않거나 답을 기재하지 못한 경우	0점

실전 서술형 평가 문제

출제의도 | 시간을 나타내는 접속사를 이용하여 표현하기

평가내용 | 접속사 when의 이해 평가

서술형 유형	9점
난이도	중상

B 주어진 문장은 결과를 나타낸다. 접속사 when을 이용하여 무엇을 하고 있었는지에 대한 내용은 과거 진행시제, 결과는 과거시제를 이용하여 보기와 같이 완전한 문장으로 완성하시오.

보기 Sunny burned her hand.

➡ Maybe Sunny was cooking when she burned her hand.

(cook)

1

Kelly fell off the ladder.

➡ _____

_____

(change a light bulb)

2

My mother heard a strange noise.

➡ _____

_____

(read a magazine)

3

Jimmy fell down.

➡ _____

_____

(go down the stairs
without turning on the lights)

평가영역	채점기준	배점
유창성(Fluency) & 정확성(Accuracy)	3개의 문장을 모두 올바른 표현과 함께 정확하게 완성한 경우 (문법, 철자가 모두 정확한 경우)	3×3 = 9점
	시제를 바르게 쓰지 못하였거나 문법, 철자가 1개씩 틀린 경우	문항 당 1점씩 감점
	내용과 전혀 일치하지 않거나 답을 기재하지 못한 경우	0점

실전 서술형 평가 문제

출제의도 | 시간을 나타내는 접속사를 이용하여 표현하기
평가내용 | 시간의 접속사와 시제 이해 평가

서술형 유형	10점
난이도	중

C 보기와 같이 주어진 표현과 접속사를 이용하여 같은 의미의 두 문장을 만드시오.

보기 (after)
First: They got home. / Then: They washed

After they got home, they washed the car.

They washed the car after they got home.

1  (as soon as)
First: The phone rang.
Then: I answered the phone.

_____

_____

2 (while)
First: I was standing here.
Then: The accident occurred.

_____

_____

3  (when)
First: It began to rain.
Then: I stood under the tree.

_____

_____

4  (before)
First: He had a shower.
Then: He had breakfast.

_____

_____

5 (After)
First: They got married.
Then: They had a baby.

_____

_____

평가영역	채점기준	배점
유창성(Fluency) & 정확성(Accuracy)	5개의 문항을 모두 올바른 표현과 함께 정확하게 완성한 경우 (문법, 철자가 모두 정확한 경우)	5×2 = 10점
	접속사를 바르게 쓰지 못하였거나 문법, 철자가 1개씩 틀린 경우	문항 당 1점씩 감점
	내용과 전혀 일치하지 않거나 답을 기재하지 못한 경우	0점

Chapter 10
관계사

Preview

I have **a friend**. + **The friend** wants to be a fashion model.

↓ who (주어를 대명사 처리 = 주격 관계대명사)

I have a friend **who** wants to be a fashion model.

나는 패션 모델이 되길 원하는 친구가 있다.

(1) 대명사(he, she, it ...)는 명사만 대신할 뿐 문장과 문장을 연결할 수 없다. 따라서 반복을 피하면서 문장도 연결할 수 있는 who, which, that이 탄생하게 되었다. 주격 관계대명사는 주어가 사람일 때 who, 주어가 사물, 동물일 때는 which를 대명사로 써서 문장을 연결한다. 연결한 문장에도 who 앞에 선행사도 사람, which 앞에 선행사도 사물이나 동물로 일치하게 된다.

I will visit **my uncle**. + **He** lives in America. (사람 주어 he를 who로 바꿈.)

➡ I will visit my uncle **who** lives in America. 나는 미국에 살고 있는 삼촌을 방문할 거야.

A kangaroo is **an animal**. + **It** lives in Australia. (동물 주어 it을 which로 바꿈.)

➡ A kangaroo is an animal **which** lives in Australia. 캥거루는 호주에 사는 동물이다.

(2) 목적어를 대신하면 목적격 관계대명사라고 한다. 목적어가 사람일 때 who(m), 목적어가 사물, 동물일 때는 which를 대명사로 써서 문장을 연결한다. 현대 영어에서는 whom 대신 who를 더 많이 쓴다.

I like **the woman**. + I met **the woman** at the party. (사람 목적어 the woman을 whom으로 바꿈.)

➡ I like the woman **who(m)** I met at the party. 나는 그 파티에서 만났던 여자를 좋아한다.

This is **the book**. + I read **the book** recently. (사물 목적어 the book을 which로 바꿈.)

➡ This is the book **which** I read recently. 이것은 내가 최근에 읽은 책이다.

기본기 탄탄 다지기

1 주어진 문장의 빈칸에 who, which, whom 중 알맞은 것을 쓰시오.

(1) Food is good for you. It is fresh.

➡ Food _____ is fresh is good for you.

(2) The woman is a dancer. She lives next door.

➡ The woman _____ lives next door is a dancer.

(3) Pandas are animals. They can climb trees.

➡ Pandas are animals _____ can climb trees.

(4) Do you remember the girl? I met her at the party.

➡ Do you remember the girl _____ I met at the party?

선행사	주격	소유격	목적격
사람	who	whose	whom
사물, 동물	which	whose, of which	which
사람, 사물, 동물	that	–	that

▶ 관계대명사 that은 선행사가 사람, 사물, 동물, 어느 것이든 관계없이 모두 쓸 수 있다. (단, 소유격 제외)

I have a friend. **+ His** father is a movie star.
➡ I have a friend **whose** father is a movie star.
나는 아빠가 영화배우인 친구가 있다.

① his father(그의 아빠)에서 소유격은 his이다. 소유격 his를 대신 쓸 수 있는 것이 바로 소유격 관계사인 whose 이다. whose를 대신 쓰는 이유는 문장과 문장을 연결해 주는 역할을 할 수 있기 때문이다.

The man called the police. **+ His bicycle** was stolen. (소유격 his를 whose로 바꿈.)
➡ The man **whose bicycle** was stolen called the police.
자전거를 도난당한 그 남자는 경찰을 불렀다.

I met a woman. **+ Her job** is a journalist. (소유격 her를 whose로 바꿈.)
➡ I met a woman **whose job** is a journalist.
나는 직업이 기자인 여자를 만났다.

※ my book에서 my 뒤에 반드시 명사가 있듯이 소유격 관계사 whose도 반드시 명사가 있어야 한다.

Chapter 10

기본기 탄탄 다지기

1 다음 두 문장을 관계대명사 whose를 이용하여 한 문장으로 만드시오.

(1) I saw a girl. + Her eyes are blue.

➡ _____

(2) I have a brother. + His job is a doctor.

➡ _____

(3) There are many words. + I don't know their meanings.

➡ _____

(4) I met a woman. + Her dream is to go to Korea.

➡ _____

▶ 소유격 whose, of which는 주로 학술지 같은 문어체의 딱딱한 글에서 많이 쓰고 일상 영어에서는 with를 사용하여 소유를 나타내는 간단한 문장으로 자주 쓴다.
This is the house **whose** the roof is blue.
= This is the house **of which** the roof is blue.
= This is the house the roof **of which** is blue.

→ This is the house **with** the blue roof.
→ The roof **of** this house is blue.

Preview

She is **the teacher**. + I really want to meet **her**.
➡ She is the teacher (**who(m)**) I really want to meet.
그녀는 내가 정말로 만나고 싶은 선생님이다.

(1) 관계대명사 who(m), which, that이 목적격으로 쓰인 경우 언제나 생략 가능하다. 특히 일상 회화에서는 거의 쓰지 않는다.

This is **the smartphone**. + I bought **it** yesterday.
➡ This is the smartphone **which(that)** I bought yesterday.
➡ This is the smartphone I bought yesterday. 이것은 내가 어제 산 스마트폰이다.

(2) who(m), which, that이 전치사의 목적어로 쓰인 경우 전치사를 맨 뒤로 보내고 생략하는 것이 가장 자연스럽다.

This is **the house**. + The actress lives in **the house**.
➡ This is the house **in which** the actress lives.
　▶전치사 뒤에는 that을 쓰지 않는다. / 전치사와 나란히 올 경우, which 생략 불가능
➡ This is the house **that(which)** the actress lives **in**. ▶전치사를 뒤로 보낼 때만 that 사용 가능
➡ This is the house the actress lives **in**. ▶전치사를 문장 뒤로 보낼 때만 관계대명사 생략 가능
　이것이 그 여배우가 사는 집이다.

기본기 탄탄 다지기

1 다음 문장에서 생략할 수 있는 관계대명사를 괄호로 묶으시오.

　(1) Tom who lives near the school is my friend.

　(2) The beggar wore old clothes that people gave him.

　(3) I don't know the man whom you talked about.

2 두 문장을 관계대명사를 이용하여 가능한 모든 형태의 한 문장으로 만드시오.

　Science is the subject. + I am interested in it.

　➡ _____

　➡ _____

　➡ _____

　➡ _____

▶The woman was interesting.
+ I was talking to her.
→ The woman **to whom** I was talking was interesting. ▶전치사 뒤에는 who를 쓰지 않고 목적격 whom을 쓴다.
→ The woman **who(that)** I was talking to was interesting. ▶전치사를 뒤로 보낼 때만 who, that 사용 가능
→ The woman I was talking **to** was interesting. ▶전치사를 뒤로 보낼 때만 관계대명사 생략 가능

서술형 기초 다지기 ❶

[1~2] 다음 두 문장을 한 문장으로 바르게 연결한 것을 고르시오.

1

> I have never heard of birds. + The birds can say numbers.

① I have never heard of birds who can say numbers.

② I have never heard of birds whom can say numbers.

③ I have never heard of birds whose birds can say numbers.

④ I have never heard of birds of which birds can say numbers.

⑤ I have never heard of birds that can say numbers.

2

> A cuckoo clock is a clock. + It has a toy bird inside.

① A cuckoo clock is a clock who has a toy bird inside.

② A cuckoo clock is a clock that have a toy bird inside.

③ A cuckoo clock is a clock which has a toy bird inside.

④ A cuckoo clock is a clock in which have a toy bird inside.

⑤ A cuckoo clock is a clock of which toy has a bird inside.

3 다음 문장의 빈칸에 공통으로 들어갈 알맞은 것은?

> • This is the teddy bear _____ I really like.
> • He is the firefighter _____ saved me.

① which   ② who   ③ that

④ whom   ⑤ whose

4 다음 문장에서 생략할 수 있는 말을 찾아 밑줄을 치시오.

> Pickled radish is a kind of vegetable which we eat jajangmyeon with.

5 다음 두 문장을 연결하여 하나의 문장으로 완성하시오.

I don't like boys. + They talk too much.

➡ _____

6 다음 문장의 밑줄 친 부분의 쓰임이 어법상 어색한 것은?

① She is the girl who never smiles.

② Can you imagine a tree that talks?

③ He ate food which people threw away.

④ This is the book which I read yesterday.

⑤ Korea is a country which people are diligent.

7 다음 밑줄 친 관계대명사의 격이 주어진 문장과 같은 것은?

Did you ever hear of a goose that talks?

① I like a girl whose hair is long.

② The two houses that she built are alike.

③ This is the bike which I bought yesterday.

④ This is the tallest tree that I've ever seen.

⑤ He is a smart child who can answer the question.

8 다음 문장 중 어법상 어색한 것은?

① This is the house the old couple live in.

② This is the house that the old couple live in.

③ This is the house in that the old couple live.

④ This is the house in which the old couple live.

⑤ This is the house which the old couple live in.

Oral Test

Challenge 1 관계대명사란 무엇일까?

문장과 문장을 연결하는 [   ]의 역할과 반복되는 명사를 나타내는 [   ]의 역할을 동시에 하는 것을 말한다.

Challenge 2 관계대명사의 종류에는 어떤 것들이 있을까?

선행사	관계대명사		
	주격	소유격	목적격
사람			
사물, 동물, 식물			
사람, 사물, 동물, 식물			

He is the boy. + **He** helped me.
➡ He is the boy **who[that]** helped me. 그는 나를 도와준 소년이다.

I have a card. + **Its** cover is pretty.
➡ I have a card **whose** cover is pretty. 나는 표지가 예쁜 카드를 가지고 있다.
➡ I have a card **of which the cover** is pretty.
➡ I have a card **the cover of which** is pretty.

This is the computer. + My father bought **it** for my birthday.
➡ This is the computer **which[that]** my father bought for my birthday.
이것은 나의 아버지가 생일 선물로 사주신 컴퓨터다.

This is the hospital. + I was born **in the hospital**.
➡ This is the hospital **which[that]** I was born in. 이곳이 내가 태어난 병원이다.
➡ This is the hospital **in which** I was born.

The thing that I like about her is her honesty.
➡ **What** I like about her is her honesty.
내가 그녀에 대해 좋아하는 것은 그녀의 정직함이다.

① what은 선행사를 포함하고 있어서 유일하게 what 앞에 선행사인 명사를 쓰지 않는다. 우리말 '～한 것'의 의미이고 the thing(s) that(which)과 같다.

What the professor said was obviously true. 그 교수가 말한 것은 명백한 사실이었다.
= **The thing that(which)** the professor said was obviously true.

I lost **what** he had given me. 나는 그가 나에게 준 것을 잃어버렸다.
= I lost **the thing that(which)** he had given me.

기본기 탄탄 다지기

1 다음 밑줄 친 부분을 우리말로 해석하시오.

(1) <u>What you really need</u> is self-confidence.
　　　　　　　　　　　　　　 자신감이다.

(2) Don't tell my parents <u>what I said</u>.
　　　　　　　　　　　　　 나의 부모님께 말하지 마라.

2 다음 문장의 빈칸에 알맞은 말을 쓰시오.

(1) My brother wouldn't do _____ I told him.
내 동생은 내가 그에게 말한 것을 하려고 하지 않았다.

(2) This is the thing. + I want to draw it.
➡ This is _____ I want to draw.
이것은 내가 그리고 싶은 것이다.

---

self-confidence n. 자신감

▶관계대명사 what이 들어간 관용표현
He is, **what is called**, a genius. (소위, 말하자면)
What is better, Nancy recovered from her injury. (더욱 좋은 것은)
What is worse, Tom's house burned down. (더욱 나쁜 것은)
Reading is to the mind **what** food is to the body. (A is to B what C is to D: A와 B의 관계는 C와 D의 관계와 같다.)

wouldn't ～하려고 하지 않았다.

Unit 5 ● 관계사절의 수일치

The five boys [who sit at the back of our class] **are** troublemakers.
우리 반 교실 뒤쪽에 앉아 있는 그 다섯 명의 소년들은 문제아들이다.

① 관계대명사의 수식을 받아 주어가 길어지는 경우, 동사는 관계대명사절과 관계없이 주어의 수에 일치시켜야
한다. 주격 관계사절 안의 동사는 선행사가 주어이므로 선행사인 명사에 수를 일치시킨다.

The girl [who **was** injured in the accident] **is** now in the hospital.
그 사고에서 부상당한 소녀는 지금 병원에 있다.

The staff yelled at **the actor** [who **was** in great danger].
그 스태프는 큰 위험에 처한 배우에게 소리를 쳤다.

② 목적격 관계대명사절의 수식을 받아 주어가 길어지는 경우에도 관계사절과 상관없이 동사를 주어의 수에 일
치시킨다. 두 번째 동사가 문장의 진짜 동사이다.

The soccer game [which I watched yesterday] **was** exciting.
내가 어제 본 축구 경기는 재미있었다.

The friends [I've made in this country] **don't know** much about my country.
내가 이 나라에서 사귄 친구들은 나의 나라에 대해 아는 게 많지 않다.

기본기 탄탄 다지기

1 괄호 안에 주어진 단어 중 알맞은 것을 고르시오.

(1) I had dinner with Olivia who (is / are) my student.

(2) The man who (live / lives) next door is a dentist.

(3) The house my parents live in (is / are) very old.

(4) The book which Jane is reading (is / are) mine.

(5) A creature that has few tooth problems (is / are) the crocodile.

(6) There are two students in my class who (speaks / speak) Japanese.

(7) The people who Steve visited yesterday (were / was) Taiwanese.

creature n. 생물(체)
few a. 거의 없는
crocodile n. 악어
Taiwanese n. 대만인

Unit 6 ● 관계대명사 that의 특징

She is *the first* girl **that** talked to me.
그녀는 내게 말을 건 첫 번째 소녀이다.

All **that** glitters is not gold.
반짝이는 모든 것이 금은 아니다.

① 선행사에 다음이 포함되어 있을 경우에는 주로 that을 쓴다.

형용사의 최상급	She is *the most beautiful* woman **that** I've ever seen. 그녀는 지금껏 내가 봤던 가장 아름다운 여자이다.
서수	This is *the first* movie **that** he has made. 이것은 그가 만든 첫 번째 영화이다.
every, all, the same, the only, any, some 등이 선행사에 포함	This is *the same* wallet **that** I lost yesterday. 이것은 내가 어제 잃어버린 것과 같은 지갑이다. She is *the only* person **that** I can trust. 그녀는 내가 믿을 수 있는 유일한 사람이다.
–thing으로 끝나는 명사, 사람과 사물이 동시에 나오는 경우	We saw *something* **that** is very shocking. 우리는 충격적인 것을 봤다. *Two girls and a puppy* **that** are playing together are in the haunted house. 함께 놀고 있는 두 소녀와 강아지는 흉가에 있다.

※ 현대 영어에서는 선행사 앞에 이러한 단어가 있더라도, 선행사가 사람이면 that보다 who를 주로 쓰고, 사물이면 which
보다 that을 주로 쓴다. 위의 문법은 구식 영어에 속하나, 시험에 등장하고 있으므로 설명하였다.

기본기 탄탄 다지기

1 다음 문장에서 **잘못된 부분을** 찾아 바르게 고치시오.

(1) This is all the money which I have.　　➡ _____

(2) He is the tallest man whom I have ever seen.

　　➡ _____

(3) This is the house in that my uncle lives.　➡ _____

(4) This is Mr. Johnson, that I told you about.　➡ _____

▶관계대명사 that을 쓰지 못하는 경우

* that 앞에 전치사를 쓰지 못한다.
This is the letter **that** I have waited
for. (O)
This is the letter **for that** I have
waited. (X)
This is the letter **for which** I have
waited. (O)

* 콤마(,) 뒤에 즉, 계속적 용법에는
that을 쓰지 못한다.
I bought the book, **that** was very
expensive. (X)
I bought the book, **which** was very
expensive. (O)

서술형 기초 다지기 ❷

1 다음 두 문장을 하나의 문장으로 바르게 연결한 것은?

> The man snored loudly. + He sat next to me in the theater.

① He sat next to me in the theater who snored loudly.

② He who snored loudly sat next to me in the theater.

③ The man who sat next to me in the theater snored loudly.

④ The man who he sat next to me in the theater snored loudly.

⑤ The man snored loudly who sat next to me in the theater.

2 다음 두 문장을 하나의 문장으로 연결할 때 빈칸에 알맞은 것은?

> This is the thing. + I wanted to buy it.
> ➡ This is _____ I wanted to buy.

① which   ② who   ③ whom

④ that   ⑤ what

3 다음 두 문장의 의미가 같도록 관계대명사를 이용하여 빈칸에 알맞은 말을 쓰시오.

I need a pen to write with.

= I need a pen _____ _____ _____ can _____ .

4 다음 문장의 빈칸에 알맞은 것은?

> I visited New York City _____ is famous for its skyscrapers.

① there   ② who   ③ , that

④ , which   ⑤ what

5 다음 문장의 빈칸에 들어갈 말이 나머지와 다른 것은?

① This is the house in _____ I was born.

② This is the very movie _____ I want to watch.

③ He is the only person _____ can solve the problem.

④ He is the most interesting man _____ I have ever met.

⑤ Look at the child and the dog _____ are lying on the grass.

6 다음 문장 중 어법상 어색한 것은?

① He is the man I have waited for.

② He is the man that I have waited for.

③ He is the man for that I have waited.

④ He is the man whom I have waited for.

⑤ He is the man for whom I have waited.

[7~8] 다음 밑줄 친 부분의 쓰임이 나머지와 다른 것을 고르시오.

7 ① I couldn't decide which I should choose.

② I went to Paris, which is famous for Eiffel Tower.

③ The spaghetti which Emily made yesterday was delicious.

④ I read "Harry Potter", which was written by J.K. Rowling.

⑤ Helen works for a company which makes computer programs.

8 ① I will give you what you want.

② This car is what I want to buy.

③ I really don't know what to do.

④ I can't understand what he says.

⑤ What I want to eat for lunch is a hamburger and fried potatoes.

Oral Test

Challenge 1 관계대명사 what은 어떻게 쓸까?

관계대명사 [   ]은 선행사(the thing(s))를 포함한 관계대명사로 the thing(s) which[that]을 대신하며 우리말로 「~한 것」으로 해석한다.

Challenge 2 관계대명사 절이 주어를 수식할 때 무엇을 알아두어야 할까?

The park is very beautiful. + It is near my house.

➡ The park [   ] is near my house is very beautiful.

    나의 집 근처에 있는 공원은 매우 좋다.

The food tasted good. I ate it at the restaurant.

➡ The food [   ] I ate at the restaurant tasted good.

    그 식당에서 먹은 음식은 매우 맛이 있었다.

Challenge 3 관계대명사 that를 언제 쓰는 것이 적절할까?

(1) 관계대명사 that만을 쓰는 경우

    ⓐ 선행사가 [   ]일 경우

    ⓑ 선행사 앞에 [   ] 등이 올 경우

(2) 관계대명사 that을 쓰면 안 되는 경우

    ⓐ [   ]

    ⓑ [   ]

Unit 7 • 관계부사 when, where

Winter is **the season**. **+** We have much snow **in the season**.

Winter is the season **when** we have much snow.
겨울은 눈이 많이 오는 계절이다.

① 관계부사는 부사(구)를 대신하고 문장과 문장을 연결할 수 있다. 관계대명사와 마찬가지로 앞에 있는 명사(선행사)를 꾸며 주며 '~하는, ~했던'으로 해석한다.

관계부사 (= 전치사 + which)	선행사
when (= in/on/at + which)	시간: the time, the day, the week 등 I don't remember <u>the day</u>. + We first met <u>on the day(then)</u>. ➡ I don't remember the day **when** we first met. 　나는 우리가 처음 만난 날을 기억하지 못한다. ➡ I don't remember the day **on which** we first met.
where (= in/on/at + which)	장소: the place, the city, the house 등 He visited <u>the place</u>. + His girlfriend works <u>at the place(there)</u>. ➡ He visited the place **where** his girlfriend works. 　그는 그의 여자 친구가 일하는 곳을 방문했다. ➡ He visited the place **at which** his girlfriend works.

기본기 탄탄 다지기

1 다음 문장의 괄호 안에서 알맞은 것을 고르시오.

(1) Seattle is the city [which / where] I met Tae-hee.

(2) April 2nd is the day [which / when] I was born.

(3) Korea is the country [which / where] both of my parents were born in.

2 다음 두 문장의 의미가 같도록 빈칸에 알맞은 말을 쓰시오.

(1) 2000 is the year when my daughter entered the high school.
　= 2000 is the year ＿＿＿＿＿＿ ＿＿＿＿＿＿ my daughter entered the high school.

(2) This is the PC room where they used to play computer games.
　= This is the PC room ＿＿＿＿＿＿ ＿＿＿＿＿＿ they used to play computer games.

> ▶관계부사는 선행사인 명사(시간, 이유, 방법, 장소)를 생략해서 쓰기도 하고, 관계부사 자체를 생략해서 쓰기도 한다. 관계부사가 생략되면 '명사 + 명사'가 연이어 나와 목적격 관계대명사의 생략과 혼동이 되는데 관계부사는 부사(구)를 대신하므로 관계부사절 안의 문장 요소가 완전하게 존재하는 것을 보면 알 수 있다.
>
> I'll never forget **the day** I first met you. ▶관계부사 when 생략
> I'll never forget **when** I first met you. ▶선행사 the day 생략

Unit 8 ● 관계부사 why, how

I don't know **the reason**. + She likes me **for the reason**.

I don't know the reason **why** she likes me.
나는 그녀가 나를 좋아하는 이유를 모르겠다.

① 관계부사 how는 the way와 함께 쓸 수 없으므로 둘 중 하나는 반드시 생략해야 한다.

관계부사 (= 전치사 + which)	선행사
why (= for + which)	이유: the reason Tell me the reason. + You didn't call me for the reason. ➡ Tell me the reason **why** you didn't call me. 　네가 나에게 전화를 하지 않았던 이유를 말해줘라. ➡ Tell me the reason **for which** you didn't call me.
how (= in + which)	방법: the way This is the way. + I post pictures on my blog in that way. ➡ This is **how** I post pictures on my blog. 　이것이 내가 블로그에 사진을 올리는 방법이다. ➡ This is **the way** I post pictures on my blog. ➡ This is the way **in which** I post pictures on my blog.

Chapter **10**

기본기 탄탄 다지기

1 다음 문장의 빈칸에 알맞은 말을 보기에서 골라 쓰시오.

where	when	how	why	that

(1) Wednesday is the day _____ comes after Tuesday.

(2) That is the house _____ my English teacher lives.

(3) This is _____ I make chicken soup.

(4) Tomorrow is the day _____ my parents return from their trip.

(5) I don't know the reason _____ she was angry with me.

▶모든 관계대명사와 관계부사 대신 that을 사용할 수 있다. 하지만 관계부사절에서 선행사가 생략되는 경우에는 that을 쓸 수 없다. 선행사가 있을 때에만 that을 관계부사 대신 쓸 수 있다.

• I can remember the place that(where) we met last night.
• I can remember that we met last night. (X) ▶선행사가 생략됐으므로 that을 쓰지 못하고 where를 써야 한다.
→ I can remember **where** we met last night.

1 다음 두 문장을 관계대명사와 관계부사를 이용하여 하나의 문장으로 연결하시오.

hold v. 개최하다
invent v. 발명하다

(1) This is the house. + I was born in the house.

➡ This is the house _____ I was born in.

➡ This is the house _____ _____ I was born.

➡ This is the house _____ I was born.

(2) 2002 was the year. + The Korea-Japan World Cup was held in the year.

➡ 2002 was the year _____ the Korea-Japan World Cup was held in.

➡ 2002 was the year _____ _____ the Korea-Japan World Cup was held.

➡ 2002 was the year _____ the Korea-Japan World Cup was held.

(3) I don't know the reason. + He invented this machine for the reason.

➡ I don't know the reason _____ he invented this machine for.

➡ I don't know the reason _____ _____ he invented this machine.

➡ I don't know the reason _____ he invented this machine.

(4) Let me know the way. + You cooked these cookies in the way.

➡ Let me know the way _____ you cooked these cookies in.

➡ Let me know the way _____ _____ you cooked these cookies.

➡ Let me know _____ _____ you cooked these cookies.

➡ Let me know _____ you cooked these cookies.

서술형 기초 다지기 ❸

[1~2] 다음 문장의 빈칸에 알맞은 것을 고르시오.

1

| Summer is the season _____ we have much rain. |

① who　　　　　　　② which　　　　　　　③ whose

④ where　　　　　　⑤ when

2

| Jejudo is an island _____ so many people visit. |

① who　　　　　　　② which　　　　　　　③ where

④ when　　　　　　　⑤ how

3 다음 문장 중 어법상 어색한 것은?

① Jennifer wants to know how Koreans make Gimchi.

② Jennifer wants to know the way Koreans make Gimchi.

③ Jennifer wants to know how to make Gimchi.

④ Jennifer wants to know the way how Koreans make Gimchi.

⑤ Jennifer wants to know the way in which Koreans make Gimchi.

4 다음 문장의 밑줄 친 부분 중 어법상 어색한 것은?

① This is an office in which I work.

② Do you know how the solar system was formed?

③ America is the country in which my English teacher comes.

④ Yesterday was the day on which our school was founded.

⑤ Nobody knows the reason why the island people suddenly disappeared.

5 다음 문장의 밑줄 친 부분의 쓰임이 주어진 문장과 같은 것은?

> This is the town <u>where</u> my parents were born.

① <u>Where</u> are you going?

② I don't know <u>where</u> to go.

③ <u>Where</u> there is a will, there is a way.

④ Is there any library <u>where</u> we can study?

⑤ I don't know <u>where</u> he got the information.

6 다음 주어진 문장의 밑줄 친 부분과 바꾸어 쓸 수 있는 것은?

> Is there any reason <u>why</u> we have to leave early?

① to which   ② for which   ③ of which

④ from which   ⑤ in which

7 다음 문장 중 어법상 어색한 것은?

① I have a family that I have to support.

② London is the city where I studied English.

③ I have three brothers whom I have to take care.

④ December 3rd is the day on which I got married.

⑤ I don't know the way in which the thief broke into my house.

8 다음 문장의 빈칸에 알맞은 전치사를 쓰시오.

> ⓐ That is the room _____ which my children study.
> ⓑ This is the college _____ which my father graduated.

Oral Test

Challenge 1 관계부사란 무엇일까?

관계부사란 문장과 문장을 연결하는 [   ]의 역할과 반복되는 〈전치사 + 명사〉를 나타내는 [   ]
의 역할을 동시에 하는 것을 말한다.

Challenge 2 관계부사의 종류와 관계대명사와의 관계는 어떻게 될까?

선행사	관계부사	= 전치사 + 관계대명사(which)
장소		in/at/on + which
시간		in/at/on + which
이유		for + which
방법		in/ by + which

(1) This is the house. + She lives **there**.

➡ This is the house [   ] she lives. 이 집이 그녀가 살고 있는 곳이다.
 (= in which)

(2) I can't forget the day. + I first met you **then**.

➡ I can't forget the day [   ] I first met you. 나는 널 처음 만난 날을 잊을 수 없다.
 (= on which)

(3) Do you know the reason? + He was absent **for the reason**.

➡ Do you know the reason [   ] he was absent? 너는 그가 결석한 이유를 아니?
 (= for the reason)

(4) Tell me the way. + You solved the problem **in the way**.

➡ Tell me the way **in which** you solved the problem. 네가 그 문제를 풀었던 방법을 말해주라.

➡ Tell me **the way** you solved the problem.

➡ Tell me [   ] you solved the problem.

[1~2] 다음 문장의 빈칸에 알맞은 것을 고르시오.

1

> The man _____ wife is a lawyer is very lazy.

① who ② on ③ which
④ that ⑤ whose

2

> The books _____ are not in the library.

① I want to borrow
② what I want to borrow
③ of which I want to borrow
④ that I want to borrow them
⑤ which I want to borrow them

3 다음 문장 중 어법상 <u>어색한</u> 것은?

① They are foreigners who speak English.
② Look at the fish that are swimming freely.
③ I like the poem which was written by my uncle.
④ Water is a liquid that is made up of oxygen and hydrogen.
⑤ A globe is a ball that have a map of the world on it.

4 다음 밑줄 친 부분의 쓰임이 나머지와 <u>다른</u> 것은?

① This is the watch <u>that</u> I lost.
② I ate gimbap <u>that</u> my sister made.
③ I have a friend <u>that</u> comes from Africa.
④ He is a man <u>that</u> works for my company.
⑤ I'm so busy now <u>that</u> I can't go there with you.

5 다음 문장의 빈칸에 공통으로 들어갈 말을 쓰시오.

> ⓐ This is the tie _____ my daughter bought for my birthday.
> ⓑ I know the girl _____ is wearing a bag.

6 다음 두 문장을 하나의 문장으로 연결할 때 빈칸에 알맞은 말을 쓰시오.

> I have a dog. + Its legs are short.

➡ I have a dog _____ the legs are short.

7 다음 대화의 밑줄 친 부분과 쓰임이 <u>다른</u> 것은?

> A: Tell me, Jill. What's Jim like?
> B: Well, he's not handsome, but he is gentle and really fun to be with. And he always makes me laugh. That's <u>what</u> I like most about him.
> A: He sounds really nice.

① I couldn't buy <u>what</u> I wanted.
② I didn't know <u>what</u> I should say.
③ <u>What</u> I hate most was the service.
④ <u>What</u> I like about Korea is the weather.
⑤ I will remember <u>what</u> you promised me.

8 다음 문장 중 어법상 어색한 것은?

① Science is a subject I am interested in.
② Science is a subject in which I am interested.
③ Science is a subject which I am interested in.
④ Science is a subject in that I am interested.
⑤ Science is a subject that I am interested in.

9 다음 문장의 빈칸에 알맞은 것이 나머지와 **다른** 것은?

① I like a girl _____ has long straight hair.
② This is the picture _____ I draw myself.
③ Tell me the way _____ you relieve your stress.
④ I have a good neighbor _____ daughter is a pilot.
⑤ Do you know the book _____ is read most in the world?

10 다음 문장의 빈칸에 공통으로 들어갈 말을 쓰시오.

ⓐ My brothers don't listen to _____ I say.
ⓑ I don't know _____ to do first.

11 다음 의미가 같도록 빈칸에 알맞은 말을 쓰시오.

Saturday is the day when I don't go to school.
= Saturday is the day _____
_____ I don't go to school.

12 다음 문장 중 어법상 **어색한** 것은?

① I couldn't understand what he said.
② He is the only person that passed the exam.
③ I like the pine tree which I planted two years ago.
④ Look at the girl and the dog that are swimming over there.
⑤ I stayed at the Beach hotel, that my friend's father owns.

13 다음 밑줄 친 부분을 생략할 수 **없는** 것은? (2개)

① I have a cat that uses the toilet.
② This is the building in which I work.
③ She is the teacher that all the students like.
④ This is the topic that I am going to write about.
⑤ She is the very woman that we wanted to meet yesterday.

14 다음 문장의 괄호 안에서 알맞은 것을 고르시오.

August 15, 1945 is the day [which / when] all the Koreans should remember.

[15~16] 다음 글을 읽고 물음에 답하시오.

Thomas Edison usually made a hundred mistakes ⓐ_____ he had satisfactory invention in front of him. He made five hundred mistakes before he invented the light bulb. One time, his assistant asked him why he kept on going even ⓑ_____ he had made five hundred mistakes. He said that even though he hadn't made a light bulb yet, he knew five hundred different ways ⓒ_____ he couldn't make a light bulb.

15 위 글의 빈칸 ⓐ와 ⓑ에 알맞은 것끼리 짝지은 것은?

① that - after
② which - before
③ whose - after
④ what - before
⑤ before - after

16 위 글의 빈칸 ⓒ에 알맞은 말을 쓰시오.

_____

개구리 올챙이적 생각 못하니?

One day, the sand and the rock got into a fight. The fight started when the sand claimed that he was a rock, and was *rebuked by the rock. "It is ridiculous that you claim to say that you are a rock." The sand controlled himself even though anger grew within him. He held down his anger and kept his mouth shut because he didn't want to fight any more. A long time passed and the rock *disintegrated into sand. The rock looked at himself (a)_____ had turned into sand. Then suddenly, he remembered the time he had fought with the sand. The picture of him rebuking and laughing at the sand came to mind. He felt ashamed of himself (b) <u>who</u> didn't know that rock eventually turns into sand.

rebuke 비난하다 **disintegrate** 풍화시키다

---

1 위 글의 빈칸 (a)에 알맞은 것은?

① for   ② of   ③ whom   ④ whose   ⑤ that

2 위 글의 밑줄 친 (b)와 쓰임이 다른 것은?

① Do you know <u>who</u> the man is?
② Is there anyone <u>who</u> knows the answer?
③ Jack is the boy <u>who</u> helped the old lady.
④ Look at the man <u>who</u> is sleeping with his mouth open.
⑤ The three boys <u>who</u> are smoking at the corner are troublemakers.

Super Speaking

A 보기와 같이 관계대명사 that을 이용하여 묻고 답하는 말하기 연습을 하세요. 연습이 한번 끝난 후 서로 역할을 바꿔 다시 말하기 연습을 하세요.

work / you / ?

➡ work / finishes at five o'clock

A What kind of <u>work</u> do <u>you</u> want?

B I want work that finishes at five o'clock.

1

job / you / ?

➡ a job / lets me help others

2

work / he / ?

➡ work / is creative

B 보기와 같이 관계부사 when을 이용하여 묻고 답하는 말하기 연습을 하세요. 연습이 한번 끝난 후 서로 역할을 바꿔 다시 말하기 연습을 하세요.

the Korean War broke out / ?

➡ in 1950

A Do you know the year when <u>the Korean War broke out</u>?

B The Korean War broke out in 1950.

1

the Korean soccer team won 4th place / ?

➡ in the 2002 World Cup

2

the Second World War ended / ?

➡ in 1945

출제의도 | 관계대명사를 이용하여 문장 완성하기
평가내용 | 관계대명사의 이해

서술형 유형	8점
난이도	중상

A 보기와 같이 주어진 정보를 이용하여 관계대명사가 들어간 완전한 문장을 만들어 보시오. (단 that은 사용 불가.)

보기

Lionel Messi

1
Kim Jae hee

2
Picasso

3
Newton

4
chopsticks

- an actress
- a pair of sticks
- a soccer player
- a scientist
- an artist

- draw many paintings
- develop the theory of Gravity
- act in Korean movies
- you eat with
- plays for Barcelona in Spain

보기 Messi is a soccer player who plays for Barcelona in Spain.

1 _____

2 _____

3 _____

4 _____

평가영역	채점기준	배점
유창성(Fluency) & 정확성(Accuracy)	4개의 문장을 모두 올바른 표현과 함께 정확하게 완성한 경우 (문법, 철자가 모두 정확한 경우)	4×2 = 8점
	관계대명사를 바르게 쓰지 못하였거나 문법, 철자가 1개씩 틀린 경우	문항 당 1점씩 감점
	내용과 전혀 일치하지 않거나 답을 기재하지 못한 경우	0점

실전 서술형 평가 문제

B 보기와 같이 주격, 소유격, 목적격 관계대명사를 이용하여 빈칸을 완성하시오.

보기 (She knows how to cook.)

➡ I'd like to marry a woman <u>who knows how to cook</u> .

1

(His mother lives with him.)

➡ I don't want to date a man _____ .

2

(I have known her for a long time.)

➡ I'd like to marry a woman _____ .

3

(His manners are good.)

➡ I'd like to marry a man _____ .

4

(She wants to have a lot of kids.)

➡ I'd like to marry a woman _____ .

평가영역	채점기준	배점
유창성(Fluency) & 정확성(Accuracy)	4개의 문장을 모두 올바른 표현과 함께 정확하게 완성한 경우 (문법, 철자가 모두 정확한 경우)	4×1 = 4점
	관계대명사를 바르게 쓰지 못하였거나 문법, 철자가 1개씩 틀린 경우	문항 당 1점씩 감점
	내용과 전혀 일치하지 않거나 답을 기재하지 못한 경우	0점

출제의도 | 관계부사를 이용하여 문장 완성하기
평가내용 | 관계부사 when, where, why, how

서술형 유형	6점
난이도	중

C 보기와 같이 괄호 안의 주어진 문장을 읽고 알맞은 관계부사를 이용하여 빈칸을 완성하시오.

보기 (The Korea-Japan World Cup was held in 2002.)

➡ 2002 was the year <u>when the Korean-Japan World Cup was held</u>.

1

(You and your wife stayed at the resort.)

➡ Tell me the resort _____.

2

(You got a perfect score in a way.)

➡ Could you tell me _____?

3

(Jennifer left him two days ago for that reason.)

➡ This is the reason _____.

평가영역	채점기준	배점
유창성(Fluency) & 정확성(Accuracy)	3개의 문장을 모두 올바른 표현과 함께 정확하게 완성한 경우 (문법, 철자가 모두 정확한 경우)	3×3 = 9점
	관계부사를 바르게 쓰지 못하였거나 문법, 철자가 1개씩 틀린 경우	문항 당 1점씩 감점
	내용과 전혀 일치하지 않거나 답을 기재하지 못한 경우	0점

Answer Key
정답

Chapter 5
조동사

Unit 1 ● 기본기 탄탄 다지기   p.12
1 (1) ⓑ   (2) ⓐ
2 (1) am able to   (2) was able to   (3) weren't able to

Unit 2 ● 기본기 탄탄 다지기   p.13
1 (1) ⓐ   (2) ⓑ
2 (1) can read   (2) will be able to   (3) may be able to

Unit 3 ● 기본기 탄탄 다지기   p.14
1 (1) will   (2) will be   (3) will snow   (4) Will you
2 (1) will 또는 is going to   (2) am going to

서술형 기초 다지기 ❶   p.15
1 ③
2 ③
3 Are, able to speak
4 couldn't
5 ⑤
6 ②
7 ③
8 will
9 won't
10 ③

Oral Test   p.17
1 (2) 동사원형
2 (1) 능력   (2) 허가
3 (1) 추측   (2) 허가
4 (1) will   (2) be going to

Unit 4 ● 기본기 탄탄 다지기   p.18
1 must, have to, have got to

Unit 5 ● 기본기 탄탄 다지기   p.19
1 (1) have to work   (2) must tell
    (3) has got to go   (4) don't have[need] to go
    (5) mustn't touch

Unit 6 ● 기본기 탄탄 다지기   p.20
1 ought to
2 (1) shouldn't   (2) ought not to   (3) had better not

서술형 기초 다지기 ❷   p.21
1 ①
2 ②
3 ③
4 ④
5 don't have[need] to
6 has to
7 had to
8 need not
9 ②, ④
10 ③, ④, ⑤

Oral Test   p.23
1 (1) must
    (2) ⓐ must not ⓑ don't(doesn't) have to
    (3) ⓐ Must ⓑ Do[Does]
2 ⓐ shouldn't ⓑ ought not to ⓒ had better not

Unit 7 ● 기본기 탄탄 다지기   p.24
1 (1) used to   (2) would   (3) would not

Unit 8 ● 기본기 탄탄 다지기   p.25
1 (1) want to   (2) Do you want to

Unit 8 ● 기본기 탄탄 달래기   p.26
1 (1) used to   (2) used to   (3) used to
2 used to live
3 (1) used to be   (2) used to go
4 would like to

서술형 기초 다지기 ❸   p.27
1 ②
2 ④
3 ②
4 ③
5 used to
6 would like to
7 used to
8 would not
9 used to think
10 would you like to, do you want to

Oral Test   p.29
1 (1) used to   (2) would
2 used to
3 ~하고 싶다, 보고 싶다

중간 · 기말고사   p.30
1 ②
2 ④
3 ③
4 ④
5 ⑤

6	am able to
7	is going to
8	have
9	used to
10	will have to
11	⑤
12	④
13	mustn't
14	need not
15	③
16	④
17	①

Grammar in Reading
p.32

1 am not able to
2 ⑤

동료들에게 왕따 당하던 제자가 있었습니다. 실의에 빠진 그는 스승에게 상담을 요청했습니다. "선생님! 저는 견딜 수가 없습니다. 모두가 저를 따돌립니다. 아무래도 저는 아무짝에도 쓸모없는 존재인 모양입니다." 조용히 듣고 있던 스승은 주먹만 한 돌 하나를 꺼내 그에게 주며 이르기를 "이 돌의 가치가 얼마나 될 것 같은가? 시장에 나가 여러 사람들에게 물어보고 오너라."하고 말했습니다. 그 제자가 시장에 가서 한 행상인에게 물었습니다. 그 행상인이 말했습니다. "예끼! 이 돌덩이가 무슨 가치가 있어! 갖다 버려!" 그 다음에 그는 정육점에 갔습니다. 주인이 말했습니다. "보통 돌은 아닌 것 같소. 돼지고기 한 근 값은 치러 주겠소!" 이번에는 방앗간에 갔습니다. 주인이 말했습니다. "내가 돌을 좀 볼 줄 아는데 이 돌은 분명히 보통 돌이 아닙니다. 쌀 한 말 값은 나가겠어!" 마지막으로 그는 보석가게에 갔습니다. 보석상 주인은 한번 흘끗 쳐다보고 깜짝 놀랐습니다. 그는 돌을 정밀 감정을 하기 시작했습니다. 그러고 나서 그는 떨리는 목소리로 말했습니다. "당신이 받고 싶은 액수가 얼마요? 얼마를 부르든 내가 다 주고 사리다. 사실은, 이 돌은 매우 희귀한 보석이어서 가격을 매길 수 없습니다. 그래서 부르는 게 값이요." 스승이 제자에게 말했습니다. "보아라! 네 동료들이 너를 돼지고기 한 근이나, 쌀 한 말, 아니면 쓸모없는 돌덩이 취급을 한다고 해도 너의 가치는 네가 값을 매기는 그대로다. 너는 너를 얼마짜리로 생각하느냐?"

Super Speaking
p.33

A **1** A: Can you go to the zoo with me this Saturday?
B: Sorry, I have to go to my uncle's house.
2 A: Can you go to the party with me this Saturday?
B: Sorry, I have to brush up on math.

B **1** A: I'm going to travel to Europe. What are you going to do this weekend?
B: I'm going to take the dog for a walk this weekend.
2 A: I'm going to take swimming lessons. What are you going to do this weekend?
B: I'm going to ride my bicycle this weekend.

실전 서술형 평가 문제 (모범 답안)
p.34

A **1** You had better not drink a lot of coffee.
2 You had better not stay out at parties all night.
3 You had better listen to your parents.
4 You had better not ask for money from your parents every day.
5 You had better not wear dirty shoes inside the house.
6 You had better be nice to your brother and sister.
7 You had better not spend all your money on clothes.
B **1** No, she isn't. She's going to meet her friends.
2 No, he isn't. He's going to go to a concert.

3 No, he isn't. He's going to play tennis with his mother.
4 No, they aren't. They're going to rent a car and go to the beach.
5 No, they aren't. They're going to watch a scary movie.

C **1** Isabella used to play badminton after school, but she doesn't now.
2 Jacob didn't use to play badminton after school, but he does now.
3 Isabella didn't use to eat fast food, but she does now.
4 Jacob used to eat fast food, but he doesn't now.
5 Isabella used to wash clothes by hand, but she doesn't now.
6 Jacob didn't use to wash clothes by hand, but he does now.

Chapter 6
수동태

Unit 1 • 기본기 탄탄 다지기
p.38

1 (1) 수 (2) 능 (3) 수 (4) 수 (5) 능

Unit 2 • 기본기 탄탄 다지기
p.39

1 (1) A letter is written by me.
(2) These toys were made by him.
(3) The song was sung by Mariah Carey.
(4) We are loved by our parents.
(5) This machine was invented by Jason.

Unit 2 • 기본기 탄탄 달래기
p.40

1 (1) are loved (2) is read (3) was cleaned
2 (1) Many students read this book.
(2) Joel caught the thief.
(3) Benjamin took these pictures.
3 (1) broke, broken (2) built, built (3) bought, bought
(4) caught, caught (5) did, done (6) drew, drawn
(7) found, found (8) gave, given (9) held, held
(10) knew, known

서술형 기초 다지기 ❶
p.41

1 ⑤
2 ④
3 ③
4 ③
5 ④
6 ②
7 The picture was taken by my father.
8 The story was told to him by me.
9 The whale was caught by my uncle.

Oral Test
p.43

1 능동태, 수동태
2 S, be동사 + 과거분사, by + 목적격
3 (1) 해지다 (2) 읽혀지다 (3) 사랑받다 (4) 사용되다
(5) 도난당하다 (6) 깨지다 (7) 고쳐지다 (8) 발생되다

Unit 3 ● 기본기 탄탄 다지기　　　　　p.44

1 (1) may be helped by　　　(2) must be finished by
　　(3) will be visited by　　　(4) can be repaired by
2 (1) The flowers should be watered by me.
　　(2) Songs will be sung on the street by them.
　　(3) Old people ought to be respected by young people.

Unit 4 ● 기본기 탄탄 다지기　　　　　p.45

1 (1) wasn't[was not] cooked
　　(2) weren't[were not] washed
　　(3) His homework isn't[is not] done by James.
　　(4) The money wasn't[was not] stolen by Ben.
2 (1) English isn't[is not] spoken by Japanese.
　　(2) The cookies weren't[were not] baked by her.
　　(3) The meaning can't be understood by you.

Unit 5 ● 기본기 탄탄 다지기　　　　　p.46

1 (1) Is English taught　　　(2) Why was the box made
2 (1) Was this picture drawn by you?
　　(2) Why was your teacher visited by your parents?
　　(3) By whom was the song sung?

서술형 기초 다지기 ❷　　　　　p.47

1 ④
2 ②
3 ④
4 ③
5 He can't lift the heavy stone.
6 will be kept by me
7 was done by you
8 By whom was this vase broken?

Oral Test　　　　　p.49

1 S, 조동사 + be동사 + 과거분사, by 목적격
2 S, be동사 + not + 과거분사, by 목적격
3 (1) Be동사, S, 과거분사, by 목적격
　　(2) 의문사, be동사, S, 과거분사, by 목적격

Unit 6 ● 기본기 탄탄 다지기　　　　　p.50

1 (1) X　　　　(2) O　　　　(3) X
2 (1) by them　　　(2) by someone

Unit 7 ● 기본기 탄탄 다지기　　　　　p.51

1 (1) am interested in　　　(2) were satisfied with
　　(3) He was surprised at[by]　(4) was covered with
　　(5) was pleased with[about]

Unit 8 ● 기본기 탄탄 다지기　　　　　p.52

1 (1) 나는 내 직업이 지겹다.
　　(2) 그는 과로로 피곤했다/지쳤다.
2 (1) of　　　(2) from　　　(3) for

서술형 기초 다지기 ❸　　　　　p.53

1 ⑤
2 with
3 ①
4 ①
5 ⑤
6 ②
7 ⓐ of, ⓑ to
8 ⓐ of, ⓑ from

Oral Test　　　　　p.55

1 (1) 목적어　　　　(2) 상태
3 (1) be interested in　(2) be worried about　(3) be married to
　　(4) be surprised at(by)　(5) be covered with　(6) be satisfied with
　　(7) be filled with　(8) be pleased with(about)
4 (1) of, with　　　(2) of, from　　　(3) to, for

중간 · 기말고사　　　　　p.56

1 was satisfied with
2 will be read by
3 ①
4 ④
5 ④
6 ⓐ of, ⓑ with
7 ②
8 was founded
9 should be respected
10 The mouse was caught by my dog.
11 ③
12 ⑤
13 ④
14 is visited by millions of tourists
15 was designed and built by Alexandre Gustave Eiffel
16 was written by Ernest Hemingway
17 was drawn by Leonardo da Vinci

Grammar in Reading　　　　　p.58

1 ④
2 the cheese was swallowed by the fox

칭찬과 아첨을 구별하는 차이는 무엇일까? 칭찬은 진지하고 마음 속으로부터 나오는 반면, 아첨은 무성의하며 이빨 사이에서 새어 나오는 것이다. 어느 날 까마귀가 치즈 한 조각을 훔쳐서 그것을 방해받지 않고 먹으려고 숲 속으로 날아갔습니다. 마침 여우 한 마리가 길을 가다가 위를 쳐다보니 치즈를 물고 가는 까마귀가 눈에 보였습니다. 그는 혼잣말로 "그 치즈, 냄새가 좋다. 저것을 꼭 빼앗아야지."라고 말했습니다. 여우는 까마귀에게 다가와 말을 건넸습니다. "안녕하세요, 까마귀님! 당신은 참으로 아름다운 창조물입니다. 나는 당신이 이렇게 아름다운지 전에는 몰랐습니다. 그런데 참, 까마귀님은 분명히 목소리도 아름다울 테지요, 그렇죠? 만약 그렇다면, 까마귀님은 조류의 여왕으로 불림이 당연합니다. 저는 정말로 당신의 아름다운 목소리를 듣고 싶습니다. 저를 위해 노래 한 곡을 불러 주실 수 있나요?" 까마귀는 여우의 말에 기분이 좋아져서 노래를 여우에게 들려주기 위하여 입을 열었습니다. 까마귀가 입을 열었을 때 치즈 조각이 땅에 떨어지고 말았습니다. 그러자 여우는 잽싸게 그 치즈를 한입에 삼켜 버리고 유유히 사라졌습니다.

Chapter **7**
대명사

1 (1) myself   (2) himself   (3) her   (4) himself

1 (1) ⓑ   (2) ⓐ   (3) ⓑ   (4) ⓐ

1 (1) 나는 파티에서 즐겁게 보냈다.
   (2) 이 쿠키를 마음껏 먹어.
   (3) Jenny는 혼자서 산다.
   (4) Jason 씨는 항상 누군가에게 말하는 것처럼 혼잣말을 한다.

서술형 기초 다지기 ❸   p.79
1 ⑤
2 ②
3 ⑤
4 ②
5 enjoyed myself
6 ④
7 ③
8 ⑤
9 burnt herself

Oral Test   p.81
1 (1) myself, ourselves   (2) yourself, yourselves
   (3) himself, herself, themselves, itself
2 (1) 강조   (2) 재귀
3 (1) 즐겁게 보내다   (2) (~을) 마음껏 먹다
   (3) 혼자서, 홀로(= alone)
   (4) 스스로, 혼자 힘으로(= without other's help)
   (5) 혼잣말하다   (6) 편히 지내다

중간 · 기말고사   p.82
1 ④
2 ④
3 ②
4 ①
5 ⑤
6 ②
7 one
8 enjoy yourself
9 ⑤
10 ②
11 One, another, the other
12 ones
13 ④
14 ③, ⑤
15 for himself
16 ⓐ One ⓑ the other
17 ⓒ Both ⓓ all

Grammar in Reading   p.84
1 (a) one   (b) the other
2 ③

고려시대 공민왕 때였습니다. 서로 사랑하며 조그마한 농토를 가지고 소박하게 농사를 지으며 살아가는 두 형제가 있었습니다. 어느 날 동생이 길을 가던 중 두 개의 금덩이를 줍게 되었습니다. 동생은 하나는 자신이 갖고, 다른 하나는 형에게 주었습니다. 잠시 후 형제는 강가에 이르렀고 강을 건너기 위해 나룻배를 탔습니다. 그런데 배가 강의 중간 지점에 왔을 때 동생이 갑자기 자신의 금덩이를 강물 속으로 던져버리는 것이었습니다. 당황한 형이 왜 금덩이를 던져버렸는지 물었습니다. 동생은 "형님, 제가 이 금덩이를 발견하기 전까지는 형님을 아끼고 형님에 대한 좋은 감정만을 가지고 있었습니다. 그러나 이 황금을 발견하고 하나를 형님께 주었을 때 욕심이 생기고 형님께 드린 그 금덩이를 갖고 싶어 형님을 미워하는 마음이 생겼습니다. 그래서 전 제가 가진 금덩이를 저 강물에 던져버린 것입니다."라고 대답했습니다. 그러자 동생의 마음을 알게 된 형은 동생의 손을 꼭 잡으며 "그래 네 말이 맞다. 황금보다 더 소중한 것이 우애이다."라고 말하며 자신의 금덩이를 강물 속으로 던져버렸습니다.

Super Speaking   p.85
A **1** A: Can I borrow your jacket?
     B: Which one do you want?
     A: The blue one.
  2 A: Can I borrow your sunglasses?
     B: Which ones do you want?
     A: The red ones.
B **1** A: How many of the students are wearing jeans?
     B: All of them are wearing jeans.
  2 A: How many of the men are sitting?
     B: Some of them are sitting.

실전 서술형 평가 문제 (모범 답안)   p.86
A **1** All (of) the guests in this hotel are from my country.
  2 All (of) the waiters speak excellent English.
  3 All (of) the cooks wear a uniform.
  4 All (of) the tourists have a travel guide.
  5 All (of) the rooms have a bathroom.
  6 All (of) the meals include dessert.
  7 All (of) the menus have a picture of the hotel.
  8 All (of) the ballrooms have a chandelier.
B **1** The others (Other colors) are red, blue, and black.
  2 Some are standing, and the others are sitting on the floor.
  3 One lives in Busan, another lives in London, and the other(third) lives in Seoul.
C **1** My little sister chooses her clothes herself.
  2 My older brother does the laundry himself.
  3 We make our beds ourselves.
  4 My father cooks the meals himself.
  5 My mother makes her clothes herself.
  6 My father fixes his computer himself.
  7 My parents paint the house themselves.
  8 My mother cleans the rooms herself every weekend.

Chapter 8
형용사, 부사의 비교

Unit 1 ● 기본기 탄탄 다지기   p.90

1 (1) more expensive   (2) cheaper   (3) more patient
  (4) more slowly   (5) earlier   (6) happiest
  (7) the saddest   (8) larger   (9) more quickly
  (10) prettier

Unit 2 ● 기본기 탄탄 다지기   p.91

1 (1) less   (2) worse   (3) latter

Unit 2 ● 기본기 탄탄 달래기   p.92

1 (1) higher, highest   (2) lower, lowest
  (3) nicer, nicest   (4) more difficult, most difficult
  (5) smaller, smallest   (6) harder, hardest
  (7) softer, softest   (8) thicker, thickest
  (9) thinner, thinnest   (10) taller, tallest
  (11) shorter, shortest   (12) safer, safest
  (13) faster, fastest   (14) fatter, fattest
  (15) more fluently, most fluently   (16) busier, busiest
  (17) more easily, most easily   (18) lazier, laziest
  (19) heavier, heaviest   (20) more important, most important
2 (1) better   (2) worse   (3) less   (4) more

서술형 기초 다지기 ❶   p.93

1 ②
2 ③
3 ③
4 ③
5 ③
6 the smallest
7 ③
8 ①
9 ②

Oral Test   p.95

1 원급–er/–est, more/most + 원급
2 (1) 단음절어   (2) –e   (3) 단모음 + 단자음
  (4) 자음 + y   (5) –ly   (6) 2음절
3 (1) better, best   (2) more, most   (3) less, least
  (4) worse, worst

Unit 3 ● 기본기 탄탄 다지기   p.96

1 (1) as hot as   (2) not as[so] heavy as
  (3) as soon as possible   (4) ten times as much money as

Unit 4 ● 기본기 탄탄 다지기   p.97

1 (1) taller than   (2) less tall   (3) fatter, or
  (4) warmer and warmer   (5) The sooner, the sooner

Unit 5 ● 기본기 탄탄 다지기   p.98

1 (1) or   (2) of   (3) in
2 (1) the hottest month   (2) the second biggest animal
  (3) one of the best soccer players   (4) in
  (5) of

서술형 기초 다지기 ❷   p.99

1 ①
2 ①
3 ④
4 ②
5 twice as fast as
6 ②
7 ④
8 ③
9 he could
10 as old as

Oral Test   p.101

1 (1) as, as   (2) not, as, as   (3) as, as, possible
  (4) 배수사, as, as
2 (1) 비교급, than   (2) less, than   (3) 비교급, or
  (4) 비교급, 비교급   (5) the + 비교급, the + 비교급
3 (2) in, of   (4) 복수

중간 · 기말고사   p.102

1 ④
2 ④
3 ④
4 more
5 possible
6 ⑤
7 ④, ⑤
8 ⓐ larger ⓑ largest
9 ⓐ more exciting ⓑ more exciting
10 ⑤
11 ③
12 ④
13 The more, the lazier
14 (a) taller than   (b) as old as
15 (a) less tall than/shorter than   (b) two years older than
16 (a) taller than   (b) two years younger than

Grammar in Reading   p.104

1 (a) happy   (b) the happiest

2 as much as

이 세상의 모든 것을 가졌지만 행복하지 않았던 왕이 있었다. 왕은 어떻게 하면 행복해질 수 있는지 저명한 스승님 앞에 고민을 털어놓았다. 왕의 고민을 듣고 난 스승은 이렇게 대답했다. "그야 간단하죠. 임금님께서 세상에서 가장 행복한 사람의 속옷을 입으시면 됩니다." 그래서 왕은 신하들에게 가장 행복한 사람의 속옷을 가져오라고 명령하였다. 비록 신하들이 유명한 장군, 학자, 부자 등 모든 종류의 사람들을 만났지만 그 만난 사람들 모두가 어느 누구도 자신이 세상에서 가장 행복한 사람이라고 생각하지 않았다. 그 후, 그 달의 마지막 밤에 한 신하가 행복한 사람을 찾아 헤매면서 강가를 걷고 있을 때, 그의 귓가에 어디선가 아주 아름다운 피리 소리가 들려 왔다. 그는 피리 부는 사람을 발견한 후 물었다. "당신의 피리 소리는 아주 아름답고 행복하게 들립니다. 당신의 마음도 행복합니까?" "그럼요. 저는 세상에서 가장 행복합니다." 왕의 신하는 크게 기뻐하며 말했다. "당신의 속옷을 내게 파시오. 돈은 얼마든지 주겠소." 그런데 사내의 대답은 신하를 무척 실망하게 했다. "당신은 지금 어두워서 볼 수 없겠지만 나는 지금 아무것도 입고 있지 않소. 어제 지나가던 불쌍한 거지에게 마지막 남은 속옷을 적선하고 말았다오."

Super Speaking   p.105

A **1** A: Is Chinese food as delicious as Korean food?

   B: No, Chinese food isn't as delicious as Korean food. Korean food is more delicious than Chinese food.

   2 A: Is the Atlantic Ocean as deep as the Pacific Ocean?

   B: No, the Atlantic Ocean isn't as deep as the Pacific Ocean. The Pacific Ocean is deeper than the Atlantic Ocean.

B **1** A: What is one of the most beautiful cities in the world?

   B: Seoul is one of the most beautiful cities in the world.

   2 A: What is one of the most serious problems in the world?

   B: Air pollution is one of the most serious problems in the world.

실전 서술형 평가 문제 (모범 답안)   p.106

A **1** The baseball is bigger than the golf ball.

   2 The soccer ball is the biggest of the three.

   3 The golf ball is the smallest of all.

   4 The soccer ball is bigger than the golf ball.

   5 The baseball is smaller than the soccer ball.

B **1** Traveling by plane isn't as cheap as traveling by train, but it is more comfortable.

   2 The Kyung-bu Expressway isn't as interesting as the country road, but it is faster.

   3 Mexico City isn't as expensive as Seoul, but it is more crowded.

   4 Compact cars aren't as comfortable as medium-size passenger cars, but they are easier to park.

C **1** The Mona Lisa is one of the most famous paintings in the world.

   2 London is one of the most attractive cities in the world.

   3 The Taj Mahal is one of the most beautiful buildings in the world.

Chapter **9**

접속사

Unit 1 ● 기본기 탄탄 다지기   p.110

1 (1) when   (2) As   (3) while   (4) As soon as

Unit 2 ● 기본기 탄탄 다지기   p.111

1 (1) before   (2) after   (3) until   (4) since

Unit 2 ● 기본기 탄탄 달래기   p.112

1 (1) while   (2) as   (3) while   (4) as   (5) while

2 (1) when   (2) As soon as (3) since   (4) until

3 (1) after   (2) before

서술형 기초 다지기 ❶   p.113

1 ④

2 ⑤

3 ④

4 after

5 When

6 ④

7 ④

8 ③

9 As soon as

Oral Test   p.115

2 (1) ~할 때   (2) ~하고 있을 때, ~하면서

   (3) ~하는 동안   (4) ~하기 전에

   (5) ~한 후에   (6) ~할 때까지

   (7) ~한 이래로, ~부터   (8) ~하자마자

Unit 3 ● 기본기 탄탄 다지기   p.116

1 (1) because   (2) As   (3) Since

2 (1) because of   (2) because

Unit 4 ● 기본기 탄탄 다지기   p.117

1 (1) that   (2) so, that   (3) If   (4) Unless

Unit 5 ● 기본기 탄탄 다지기   p.118

1 (1) 비록 비가 왔지만 우리는 계속해서 축구를 했다.

   (2) 비록 사고가 있었지만 나는 시간에 맞추어 도착했다.

   (3) 비록 그는 매우 피곤했지만 잠을 잘 수가 없었다.

서술형 기초 다지기 ❷   p.119

1 ①

2 ③

3 ⑤

4 ③

5	③
6	Unless
7	Even though
8	so, that
9	④
10	①

Oral Test p.121

1	because, since, as
2	(1) 절(S + V) (2) 명사, 동명사
3	(1) 그래서 ~하다 (2) 매우 ~해서 …하다
4	(1) 만약 ~한다면 (2) 만약 ~하지 않는다면
5	though, although, even though

Unit 6 ● 기본기 탄탄 다지기 p.122

1	(1) 그러면 (2) 그렇지 않으면
2	(1) If you (2) If you don't (3) Unless you

Unit 7 ● 기본기 탄탄 다지기 p.123

1	(1) Both, and (2) Not only, but also (3) Not, but

Unit 8 ● 기본기 탄탄 다지기 p.124

1	(1) and (2) or (3) Both, and
	(4) Not only, but also (5) Not, but (6) Either, or
	(7) Neither, nor

서술형 기초 다지기 ❸ p.125

1	①
2	③
3	⑤
4	as well as
5	Unless
6	⑤
7	⑤
8	②
9	④
10	nor

Oral Test p.127

1	(1) ~해라. 그러면 …할 것이다
	(2) ~해라. 그렇지 않으면 …할 것이다
2	(1) 상관접속사
3	(1) both, and (2) not only, but also (3) not, but
	(4) either, or (5) neither, nor

중간 · 기말고사 p.128

1	①
2	⑤
3	④
4	④
5	A(a)s
6	S(s)ince
7	As soon as

8	①
9	①
10	①
11	not, but
12	Although
13	because of
14	③
15	②
16	③
17	②, ④
18	because of

Grammar in Reading p.130

1	①
2	⑤

아주 예쁘장하게 생긴 아가씨가 있었습니다. 그런데 그 아가씨에게 한 가지 고민이 있었습니다. 그것은 극장에 가보는 것이었다. 다들 짝끼리 오는지라 가보질 못했습니다. 그러던 어느 날 용기를 내서 극장에 갔습니다. 남들처럼 팝콘과 콜라를 큰 걸로 사서 뽐내며 당당하게 극장에 들어갔습니다. 영화에 빠져 있는데 갑자기 속이 안 좋았습니다. 방귀가 나오려 했습니다. 참으려고 해도 도저히 참을 수가 없었습니다. 그래서 조금씩 발산하기 시작했습니다. 두두~ 두룩~ 두루룩~. 그녀는 마음의 평정을 찾았습니다. 그때, 누군가 뒤에서 그녀의 어깨를 "톡톡" 치면서 말했습니다. "저기요 ~ 휴대전화 좀 꺼주시면 안 되나요? 진동 소리 때문에 소리가 잘 안 들려요."

Super Speaking p.131

A

1 A: Do you think the weather will be nice tomorrow?
B: The weather report says it might be nice.
A: If the weather is nice tomorrow, I'm going to go on a hike.

2 A: Do you think it will snow tomorrow?
B: The weather report says it might snow.
A: If it snows tomorrow, I'm going to build a snowman.

B

1 A: What are you going to do before you go shopping?
B: I'm not sure. Maybe I'll play badminton with my husband.

2 A: What are you going to do after you have lunch?
B: I'm not sure. Maybe I'll play soccer with my friends.

실전 서술형 평가 문제 (모범 답안) p.132

A

1 If you travel to New York, you will meet some nice people. /
You will meet some nice people if you travel to New York.

2 When Ivy goes to the interview, she will wear her new suit. /
Ivy will wear her new suit when she goes to the interview.

3 As soon as Kevin arrives at the hotel, he will call us. /
Kevin will call us as soon as he arrives at the hotel.

B

1 Maybe Kelly was changing a light bulb when she fell off the ladder.

2 Maybe my mother was reading a magazine when she heard a strange noise.

3 Maybe Jimmy was going down the stairs without turning on the lights when he fell down.

C

1 As soon as the phone rang, I answered it. /
I answered the phone as soon as it rang.

2 While I was standing here, the accident occurred. /
The accident occurred while I was standing here.

3 When it began to rain, I stood under the tree. /
I stood under the tree when it began to rain.

4 Before he had breakfast, he had a shower. /
He had a shower before he had breakfast.

5 After they got married, they had a baby. /
They had a baby after they got married.

Chapter 10
관계사

Unit 2 ● 기본기 탄탄 다지기   p.137
1 (1) I saw a girl whose eyes are blue.

(2) I have a brother whose job is a doctor.

(3) There are many words whose meanings I don't know.

(4) I met a woman whose dream is to go to Korea.

Unit 3 ● 기본기 탄탄 다지기   p.138
1 (1) 없음   (2) that   (3) whom

2 Science is the subject in which I am interested.

Science is the subject which I am interested in.

Science is the subject that I am interested in.

Science is the subject I am interested in.

서술형 기초 다지기 ❶   p.139
1 ⑤

2 ③

3 ③

4 which

5 I don't like boys who[that] talk too much.

6 ⑤

7 ⑤

8 ③

Oral Test   p.141
1 접속사, 대명사

2

선행사	관계대명사		
	주격	소유격	목적격
사람	who	whose	whom
사물, 동물, 식물	which	whose, of which	which
사람, 사물, 동물, 식물	that	–	that

Unit 4 ● 기본기 탄탄 다지기   p.142
1 (1) 네가 정말로 필요한 것은   (2) 내가 말한 것을

2 (1) what   (2) what

Unit 5 ● 기본기 탄탄 다지기   p.143
1 (1) is   (2) lives   (3) is   (4) is

(5) is   (6) speak   (7) were

Unit 6 ● 기본기 탄탄 다지기   p.144
1 (1) which → that   (2) whom → that

(3) that → which   (4) that → whom

서술형 기초 다지기 ❷   p.145
1 ③

2 ⑤

3 with which I, write

4 ④

5 ①

6 ③

7 ①

8 ③

Oral Test   p.147
1 what

2 which[that], which[that]

3 (1) ⓐ 사람 + 동물 ⓑ 최상급, 서수, the only, the very, all, no

(2) ⓐ 전치사의 목적어로 쓰일 경우 ⓑ 서술(계속)적 용법으로 쓰일 경우

Unit 7 ● 기본기 탄탄 다지기   p.148
1 (1) where   (2) when   (3) which

2 (1) in which   (2) in which

Unit 8 ● 기본기 탄탄 다지기   p.149
1 (1) that   (2) where   (3) how   (4) when   (5) why

Unit 8 ● 기본기 탄탄 달래기   p.150
1 (1) which, in which, where   (2) which, in which, when

(3) which, for which, why   (4) which, in which, the way, how

서술형 기초 다지기 ❸   p.151
1 ⑤

2 ②

3 ④

4 ③

5 ④

6 ②

7 ③

8 ⓐ in ⓑ from

Oral Test   p.153
1 접속사, 부사

2 where, when, why, how

(1) where   (2) when   (3) why   (4) how

Grammar in Reading

1 ⑤

2 ①

어느 날, 모래와 바위가 서로 다투었습니다. 모래가 자기도 바위라고 하자 바위가 핀잔을 준 데서 싸움이 시작된 겁니다. "네가 바위라고 하다니 정말 가소롭구나." 모래는 화가 났지만 참았습니다. 모래는 더 이상 싸우기 싫어서 울분을 누르고 그만 입을 다물어버렸죠. 그리고 많은 세월이 흘러 바위가 풍화되어 모래가 되었습니다. 바위는 모래가 된 자신을 바라보았습니다. 그러다가 문득 예전에 모래와 다투던 생각이 났습니다. 모래를 비웃고 질책하던 자신의 모습이 떠올랐습니다. 그는 바위가 부수어져서 결국 모래가 된다는 사실을 몰랐던 자신이 부끄러웠습니다.

Super Speaking

A **1** A: What kind of job do you want?

B: I want a job that lets me help others.

2 A: What kind of work does he want?

B: He wants work that is creative.

B **1** A: Do you know the year when the Korean soccer team won 4th place?

B: The Korean soccer team won 4th place in the 2002 World Cup.

2 A: Do you know the year when the Second World War ended?

B: The Second World War ended in 1945.

실전 서술형 평가 문제 (모범 답안)

A **1** Kim Jae Hee is an actress who acts in Korean movies.

2 Picasso was an artist who drew many paintings.

3 Newton was a scientist who developed the theory of Gravity.

4 Chopsticks are a pair of sticks which you eat with.

B **1** I don't want to date a man whose mother lives with him.

2 I'd like to marry a woman who(m) I've known for a long time.

3 I'd like to marry a man whose manners are good.

4 I'd like to marry a woman who wants to have a lot of kids.

C **1** Tell me the resort where you and your wife stayed.

2 Could you tell me how you got a perfect score?

3 This is the reason why Jennifer left him two days ago.

더 좋은 책을 만들기 위한 남다른 열정